La Transformación Digital del Gobierno

Misma tecnología, diferentes reglas y mucho más en juego

Dr. Macedonio Alanís

Tecnológico de Monterrey

Imprint

Any Brand names and product names mentioned in this book are subject to trademark, Brand or patent protection and are trademarks or registered trademarks of their respective holders. The use of brand names, product names, common names, trade names, product descriptions, etc. even withou|t a particular marking in this work is in no way to be construed to mean that such names may be regarded as unrestricted in respect of trademark and brand protection legislation and could thus be used by anyone.

ISBN-13: 979-8616079961
ASIN versión impresa: B0851MXTMY
ASIN e-book: B084WWLCJY
https://www.amazon.com/-/e/B08529L1PZ

Dedicatoria

Para Izela, Jacobo, Pablo y Cristóbal

Prefacio

Hay muchas formas de interactuar con las aplicaciones de transformación digital del gobierno. Algunas personas trabajan para el gobierno, otras para empresas que suministran soluciones a este mercado (uno de los más grandes e interesantes que existen). Sin embargo, la mayoría de interactúa con el gobierno electrónico como usuario final. Muchos países comparten la idea de que el gobierno es "para la gente", pero hay momentos, como cuando uno espera en líneas interminables en alguna oficina gubernamental, que esa idea puede resultar difícil de creer. He visto áreas gubernamentales que podrían aprender mucho de otras industrias de servicios, pero la mayoría de las veces, veo especialistas en las oficinas de TI del gobierno, trabajando muy duro, con poco presupuesto, aplicando soluciones muy creativas que podrían ser la envidia de empresas en todo el mundo, trabajando por servir mejor a la sociedad.

La transformación digital del gobierno no es necesariamente un problema de tecnología. Es un problema de entender los objetivos del gobierno, conocer las reglas del juego, hacer las preguntas correctas y saber cómo hacer que las cosas se hagan. Ser experto en tecnología, o en gobierno, o en cómo funcionan las cosas en la iniciativa privada no es suficiente. Es necesario un enfoque práctico para combinar todas las disciplinas y saber navegar las aguas del servicio público.

Este libro es para:

- los empleados del gobierno que planean y operan las soluciones tecnológicas,
- las empresas de tecnología que desarrollan y venden las aplicaciones,
- los gobernantes electos responsables de dirigir los esfuerzos y asignar recursos, y
- el público en general.

Espero que disfruten de este libro de transformación digital que no habla tanto de tecnología como lo hace de gente y de organizaciones. Espero que las herramientas, ideas y consejos que he recibido de innumerables profesionales y que comparto en este volumen, sirvan para aprovechar las ventajas que brinda la tecnología, crear nuevos servicios, mejorar los servicios existentes y brindar mayor valor a la sociedad en su conjunto. En fin, espero que este trabajo sirva para mejorar un poco el mundo en que vivimos.

Agradecimientos

Durante varios años he tenido la fortuna de interactuar con profesionales trabajando en dependencias de gobierno y con especialistas en empresas privadas que buscan mejorar el mundo aprovechando la tecnología de la información. Muchos han compartido sus experiencias y me han guiado en proyectos para el Sector Público. A todos ellos, mi agradecimiento, respeto y admiración.

Particularmente quisiera agradecer a cinco instituciones mexicanas: al Tecnológico de Monterrey, al Instituto Nacional de Estadística Geografía e Informática (INEGI), al Comité de Informática para la Administración Pública Estatal y Municipal (CIAPEM), al Instituto Nacional de Administración Pública (INAP) y Gobierno del Estado de Nuevo León, por las oportunidades y el apoyo que me han brindado. También quisiera extender mi agradecimiento a dos instituciones norteamericanas: la National Association of State Chief Information Officers (NASCIO) y a Eisenhower Fellowships por su apoyo en mis investigaciones.

Tabla de contenidos

Dedicatoria 3

Prefacio 4

Agradecimientos 5

Tabla de contenidos 7

Lista de figuras 8

Lista de tablas 8

Parte I - El poder de la tecnología 9

    1.- Introducción: La tecnología en el gobierno 11

    2.- La tecnología en los planes nacionales 17

Parte II – El uso de la tecnología 25

    3.- Estructura organizacional de las áreas de tecnología
        en dependencias de gobierno 27

    4.- Tipos de proyectos gubernamentales 34

    5.- Planeación de tecnología en el Gobierno 43

    6.- Retos y oportunidades comunes en la operación 50

    7.- El papel de los socios tecnológicos en la operación de la
        informática gubernamental 56

Parte III – El valor de la tecnología 61

    8.- Medición de resultados 63

    9.- El futuro de las tecnologías de información y su impacto
        en el Gobierno 68

    10.- Conclusiones: El diferente impacto de la transformación
        digital del gobierno en los ciudadanos, proveedores de
        tecnología, empleados de gobierno, y oficiales electos.... 73

    11.- Bibliografía: Notas y Referencias 77

Datos del Autor 81

Lista de figuras

Figura 1.1: Pasos para el éxito en proyectos tecnológicos en gobierno. 12
Figura 4.1: Tipos de servicio que brindan las soluciones de
transformación digital del gobierno 35
Figura 4.2: Etapas de madurez de proyectos informáticos 41
Figura 6.1: Pasos de un proceso de adquisiciones por licitación pública 54

Lista de tablas

Tabla 2.1: Cinco líneas de acción de la estrategia transversal:
Gobierno Cercano y Moderno 20
Tabla 3.1: Responsabilidades de la oficina de coordinación de la
Estrategia Digital Nacional en México 29
Tabla 3.2: Funciones de la Dirección General de Informática de la
Secretaría de Economía de México 30
Tabla 3.3: Ubicación de las áreas responsables por las tecnologías
de información en diferentes dependencias federales
en México 32
Tabla 5.1: Lista general de proyectos con puntuación 46
Tabla 5.2: Proyectos calificados por factor 47
Tabla 5.3: Lista de proyectos con cálculo del valor de la contribución
de la informática en cada uno 47
Tabla 5.4: Lista de proyectos con puntuación indicando importancia
para el área de Informática 48
Tabla 5.5: Proyectos ordenados según su importancia para el área
de Informática 48

Parte I

El poder de la tecnología

Capítulo 1

Introducción: La tecnología en el gobierno

"Así pues, los buenos guerreros toman posición en un terreno en el que no pueden perder, y no pasan por alto las condiciones que hacen a su adversario proclive a la derrota.

En consecuencia, un ejército victorioso gana primero y entabla la batalla después; un ejército derrotado lucha primero e intenta obtener la victoria después.

Esta es la diferencia entre los que tienen estrategia y los que no tienen planes premeditados."

Sun Tzu, "El Arte de la Guerra", Capítulo IV, Siglo Quinto antes de Cristo.

La tecnología cambia, la gente no. De qué otra forma se podría explicar que una recomendación de estrategia militar escrita hace dos mil quinientos años pueda leerse como algo actual. La enseñanza que se obtiene de los escritos de hace veinticinco siglos es que es muy importante entender el terreno, planear el proceso y definir qué posiciones se deben tomar para alcanzar las metas. Las guerras se ganan antes de las primeras batallas. Haciendo una analogía con los retos y oportunidades que presentan las tecnologías de información en el gobierno se puede decir que: Los proyectos funcionan cuando se planea cuidadosamente su ejecución antes incluso de dar el primer paso.

Sin embargo, cualquier servidor público o consultor, que piense que, por haber hecho un proyecto de informática en una empresa, lo puede hacer también en Gobierno; obviamente no ha trabajado lo suficiente en este campo. Aunque hay ciertas similitudes, como la tecnología a utilizar, y aunque algunas aplicaciones de Gobierno puedan ser parecidas a aquellas usadas en la iniciativa privada; existen variaciones fundamentales que pueden marcar la diferencia entre el éxito y el fracaso.

1.1.- Pasos para el éxito con la tecnología en el gobierno

Para tener éxito, por obvio que parezca, lo primero que hay que hacer es tener un acuerdo de qué es lo que se busca obtener. Definir una visión es quizá el paso más importante en un proyecto, y esto se debe hacer incluso antes de iniciar con la planeación.

Una vez definidos los objetivos, se deberá trazar un plan. El camino a seguir va a depender de dos factores principales: la ubicación actual y las condiciones del terreno. Por lo tanto, antes de escribir el plan es importante entender las reglas que rigen el terreno en el que vamos a actuar e identificar el punto de partida.

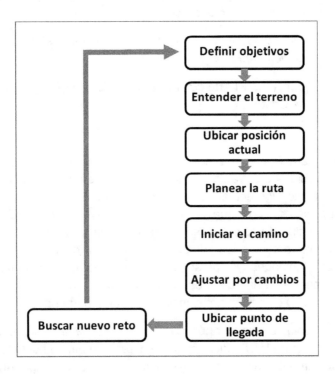

Figura 1.1: Pasos para el éxito en proyectos tecnológicos en gobierno

Con el plan listo, se puede iniciar el camino. Sin embargo, durante la ruta, las condiciones pueden cambiar. Los vientos pueden variar en su dirección. Pero si sabemos a dónde queremos llegar, es muy probable que el punto donde terminemos, aunque no sea exactamente el lugar donde apuntamos al principio, sí sea algo cercano a nuestro objetivo.

Al llegar al final del camino hay que evaluar lo logrado y definir nuestra nueva posición, para con eso buscar nuevas metas y trazar nuevas rutas. La figura 1.1 ilustra los pasos a seguir para conseguir el éxito en proyectos tecnológicos en gobierno.

1.2.- ¿Cuál es la meta que se persigue usando tecnología en el gobierno?

El objetivo del gobierno, según los planes nacionales de México, es lograr tener un país "…justo, pacífico, libre, solidario, democrático, próspero y feliz." [Presidencia de la República, 2019]. En ese objetivo no figura el usar tecnología. La tecnología se utiliza porque con ella, el gobierno puede alcanzar más eficientemente sus metas; ya sea servir a la sociedad, garantizar acceso a infraestructura, garantizar seguridad jurídica, educación, salud, o soberanía nacional.

Al igual que en cualquier organización, la tecnología puede ayudar a hacer más eficiente el funcionamiento de las estructuras operativas del gobierno. También puede ayudar a hacer más eficaz el trabajo del gobierno.

Sin embargo, a diferencia de las organizaciones privadas, el gobierno también tiene por misión el mejorar a la sociedad; y la tecnología puede ser clave en la búsqueda de este objetivo. Así pues, un proyecto del gobierno (que no se vería en una empresa privada) puede ser, por ejemplo, el garantizar la conectividad digital para cubrir las necesidades de las empresas y ciudadanos.

Por lo tanto, los objetivos del uso de la tecnología en el gobierno son:

- Proveer servicios eficientes: a cualquier hora, en cualquier lugar y de la forma que se requiera,
- reducir los costos de transacción (para el gobierno y para el ciudadano),
- contar con mejor información para enfocar mejor las soluciones y proyectos del gobierno, y
- apoyar en el desarrollo de la sociedad.

1.3.- Diferencias principales entre la informática en Gobierno y en la Iniciativa Privada

Al buscar diferencias entre el trabajo del gobierno y el de una empresa, la primera que llega a la mente es el alcance de sus proyectos.

El gobierno tiene proyectos en ámbitos muy variados que van desde administrar escuelas, hasta responder a desastres naturales; manejar campañas de salud hasta eventos deportivos; comprar desde comida hasta armamento; tratar con dignatarios internacionales, capitanes de industria, obreros, campesinos, adultos mayores, o recién nacidos.

En gobierno hay proyectos únicos, que difícilmente se ven en alguna empresa privada (registro de la propiedad, registro civil, seguridad pública, etc.) Estos proyectos, en sí mismos, requieren un alto nivel de especialización. Incluso los proyectos operativos (nómina, administración de activos, cuentas por pagar, etc.) y la administración de infraestructura tecnológica (redes, equipamiento y capacitación) que pudieran presentar retos similares a las de cualquier organización, son casos especiales. La diferencia en tamaño, impacto y reglamentación hacen del desarrollo de proyectos informáticos en gobierno una actividad especializada que requiere de conocimientos y habilidades únicas.

Las reglas que se usan para definir qué proyectos realizar en una empresa son muy diferentes a las que funcionan en gobierno. Además de los factores económicos, factores como el valor social, el impacto, y la vida útil de un proyecto son mucho más relevantes cuando se trabaja en el Gobierno. Para complicar las cosas, las prioridades cambian. No son los mismos factores los que se consideran más importantes al inicio de un período de gobierno (sexenio o trienio dependiendo de su duración) que lo que se ve al final, y esto determina el tipo de proyectos a ejecutar.

Otra diferencia con la iniciativa privada son las leyes. Esto puede trabajar a favor o en contra de un proyecto, dependiendo de cómo lo maneje el Informático. Para que un proyecto se realice en Gobierno, tiene que aparecer en el presupuesto, y eso se debe negociar mucho antes que el anteproyecto se envíe al Congreso (o a la entidad que aprueba los presupuestos). Esas batallas no las puede librar un informático solo, necesita de los usuarios. Por eso es importante saber, con mucha anticipación, qué proyectos se buscarán el año entrante, quién los puede apoyar, y comenzar a trabajarlos.

Otra diferencia notable está en el escrutinio público. Mientras que al usar dinero de una empresa uno responde solo ante sus accionistas; al usar dinero público se debe responder por su buen uso ante la sociedad entera. Pocos informáticos están acostumbrados a rendir cuentas ante la prensa por sus decisiones y en pocas empresas hay reglamentos tan claros definiendo cómo realizar compras o el tipo de relación que se puede llevar con un proveedor.

1.4.- ¿Quién se puede beneficiar de entender cómo funciona la informática en el gobierno?

Las soluciones de transformación digital del gobierno (gobierno electrónico, e-gobierno, o e-government) pueden utilizar la misma tecnología que aplicaciones similares en el sector privado, pero tienen diferentes reglas y un impacto mucho más profundo en la sociedad. Hay diferentes actores a los que toca la informática en el gobierno:

- los empleados del gobierno que planean y operan las soluciones tecnológicas,
- las empresas de tecnología que desarrollan y venden las aplicaciones,
- los gobernantes electos responsables de dirigir los esfuerzos y asignar recursos, y
- el público en general

Independientemente del papel que le toque a usted jugar, cuánto se beneficie de este sector dependerá de qué tan bien entienda cómo funciona la informática en instituciones de gobierno.

Estamos quizá frente a la única oportunidad viable en nuestra generación para mejorar sustancialmente al gobierno y a la sociedad, pero debemos entender cómo funciona para sacarle el mejor provecho.

1.5.- Organización de este documento

El documento se organiza alrededor de tres ejes principales:

1. *Justificación:* ¿por qué vale la pena estudiar la transformación digital del gobierno?
2. *Operación:* ¿cómo identificar proyectos? ¿Cómo evolucionan las necesidades? ¿Cómo planear la informática en el gobierno? ¿Cuáles son los retos más importantes para operar la informática en el gobierno? Y ¿Qué papel pueden jugar las empresas privadas como proveedores de gobierno?
3. *Medición de valor:* ¿Cómo podemos saber qué valor aporta la transformación digital del gobierno? ¿Qué futuro le depara a la tecnología en el gobierno? ¿Cuáles son las implicaciones de estas oportunidades que brinda la tecnología para los empleados de gobierno especialistas en TI, oficiales electos, proveedores de soluciones y público en general?

1.6.- Conclusiones

El uso de tecnología por el gobierno puede tocar muchas vidas y beneficiar, o limitar, el desarrollo de una región o incluso naciones enteras. Sin embargo, aunque se ha aprendido mucho del uso de tecnología en empresas privadas, las reglas no son las mismas cuando se usa en el gobierno. Los proyectos no necesariamente se justifican en términos de ingresos, y la ecuación para definir en qué consiste una buena iniciativa cambia, dependiendo del tiempo que lleve transcurrida una administración. Para complicar las cosas, ninguna otra aplicación de la tecnología recibe tanto escrutinio de los medios, de oponentes políticos y de ciudadanos comunes, de tal forma que los errores son magnificados, mientras que los aciertos se minimizan. Aun así, hay administraciones que piensan que la tecnología es solamente un gasto de oficina, o que la transformación digital del gobierno es algo que puede hacer cualquier profesional del ramo, o comprarse en cajas en cualquier tienda.

Entender este sector es crucial para la industria de las tecnologías de información, para el ciudadano y para los gobiernos alrededor del mundo. El apreciar lo que hace a este sector tan diferente es crítico para aprovechar las ventajas que brinda la tecnología, crear nuevos servicios, mejorar los servicios existentes y brindar mayor valor a la sociedad en su conjunto.

Capítulo 2

La tecnología en los planes nacionales

"En todas nuestras discusiones ha permeado la convicción de que discutir una política informática tiene sentido no por la información misma, sino por el valor que la informática tiene para la sociedad como un instrumento, o como un agente de innovación, un ingrediente de productividad o, en fin, como una herramienta para lograr con ella fines más trascendentes"

Elementos para un programa estratégico en informática, Alanís, et al., INEGI, México, 1994

La tecnología es importante porque puede hacer más eficiente el trabajo del gobierno, pero, desde el gobierno, la tecnología también puede cambiar a la sociedad. La importancia de la tecnología para la sociedad se puede apreciar en su inclusión los planes de desarrollo en varios países, tanto a nivel nacional como local.

En este capítulo se discute la forma en la que ha evolucionado el pensamiento en torno al potencial del uso de la tecnología de información en el Gobierno mediante un análisis de su inclusión en los planes nacionales en México (en un período de 25 años de 1993 al 2018), así como en otros países.

2.1 La tecnología en los planes nacionales del Gobierno Mexicano 1993-2012

En México, a mediados de 1993, el Instituto Nacional de Geografía Estadística e Informática (INEGI) convocó a un grupo de 33 especialistas, directores de empresas, industriales, y científicos para que integraran las bases para la formulación de un programa estratégico en informática para la nación. El grupo consultivo de política informática generó varios documentos entre los que destaca "Elementos para un Programa Estratégico en Informática" publicado por INEGI en 1994 [Alanís, et al., 1994]. En ese documento se basó, en gran medida, la política informática mexicana.

El grupo consultivo presentó las siguientes recomendaciones:

- Institución de una comisión intersecretarial de informática
- Consolidación de una unidad administrativa coordinadora de la política informática nacional
- Creación y fomento de proyectos nacionales informáticos
- Programa piloto de estándares y redes para la pequeña y mediana empresa
- Revisión del marco normativo en telecomunicaciones

En base a las recomendaciones del grupo consultivo convocado por el INEGI, el Plan Nacional de Desarrollo 1995-2000 del presidente Zedillo, incluyó el Programa de Desarrollo Informático [Poder Ejecutivo Federal, 1996]. Este plan reconocía que "el aprovechamiento de la información propicia la mejoría de los niveles de bienestar y permite aumentar la productividad y competitividad de las naciones", "que la informática es un factor que beneficia a todos los sectores", y que "Con el apoyo de la informática, los gobiernos, las instituciones educativas, y los organismos asistenciales están en posibilidades de mejorar sustancialmente los mecanismos tradicionales de gestión y de servicio,…los servicios públicos pueden proporcionarse de forma radicalmente distinta". El plan concluye que "la informática está modificando y modificará aún más nuestra vida cotidiana".

Once años después, en el sexto informe de gobierno del presidente Fox [Presidencia de la República, 2006], se listaron siete líneas de acción del gobierno digital:

- Instalación y aprovechamiento de infraestructura tecnológica gubernamental
- Promoción y aplicación de la administración del conocimiento y la colaboración digital
- Mejora y rediseño de procesos con tecnologías de información
- Mayor cobertura de los servicios y trámites electrónicos (e-Servicios) del Gobierno Federal
- Consolidación del Portal Ciudadano del Gobierno Federal
- Ampliación de mecanismos como e-Democracia y participación ciudadana
- Promoción de políticas de información, comunicaciones y organización para el Gobierno Digital

En su quinto informe de gobierno, en 2011 [Presidencia de la República, 2011], el presidente Calderón habla de la Agenda de Gobierno Digital (AGD) que considera dentro de sus estrategias: "el uso y aprovechamiento de las Tecnologías de la Información y Comunicaciones (TIC), para la digitalización de los trámites administrativos, a fin de elevar el grado de eficiencia operativa gubernamental y al mismo tiempo contribuir al aumento de la competitividad del país."

El informe del presidente Calderón menciona como una de sus estrategias el "elevar los estándares de eficiencia y eficacia gubernamental a través de la sistematización y digitalización de todos los trámites administrativos y el aprovechamiento de tecnologías de la información y comunicaciones para la gestión pública" y lista aplicaciones como:

- Trámites y servicios electrónicos gubernamentales en línea (www.gob.mx)
- Sistema Electrónico de Contrataciones Gubernamentales (COMPRANET)
- Bitácoras Electrónicas de Obra Pública (BEOP)
- Registro Único de Contratistas de la Administración Pública Federal (RUC)
- Registro Único de Personas Acreditadas (RUPA)
- Iniciativa de Ley de Firma Electrónica Avanzada

Varias de estas iniciativas vieron su génesis en el programa de desarrollo informático que se habría redactado casi quince años antes. La continuidad de dirección y el valor de los resultados obtenidos habrían jugado un papel primordial en el aprovechamiento del potencial que brindan las tecnologías de información al gobierno.

2.2 La tecnología en los planes nacionales del Gobierno Mexicano 2012-2018

En la administración 2012-2018 del presidente Enrique Peña Nieto, el Plan Nacional de Desarrollo 2013-2018 [Presidencia de la República, 2013] estableció tres estrategias transversales para apoyar la consecución del objetivo de llevar a México a su máximo potencial: democratizar la productividad, un gobierno cercano y moderno, y perspectiva de género, las cuales inciden en el diseño y la conducción de todos los programas y políticas de la gestión pública.

Con la estrategia de un Gobierno Cercano y Moderno, el Gobierno de la República promovía, en las instituciones que integraban la Administración Pública Federal, la implementación de una gestión "eficiente; orientada a resultados; que optimice el uso de los recursos públicos; intensifique el uso de las nuevas tecnologías de la información y comunicación; y fortalezca los mecanismos de evaluación, seguimiento, transparencia y rendición de cuentas. Ello, con la finalidad de estrechar el vínculo entre sociedad y gobierno, así como reforzar la confianza ciudadana en las instituciones".

El Programa para un Gobierno Cercano y Moderno 2013-2018 (PGCM) representaba una estrategia transversal del Gobierno Federal implementada en todas las dependencias y entidades con el fin de impulsar un gobierno eficiente, eficaz, innovador y transparente, orientado a resultados, mediante una mejora constante de la gestión.

Con el objetivo de incrementar la eficacia gubernamental y estrechar su relación con el ciudadano. Al ser un programa transversal, promovía que toda la administración pública –desde cada una de las dependencias y entidades que la conforman–, construyera un gobierno abierto, orientado a dar resultados. De esta forma, el Programa pretendía dar forma a una administración pública moderna, donde las herramientas digitales y la innovación pudieran permitir a un emprendedor abrir un negocio fácilmente; a un niño participar en la era del conocimiento; o a un vecino denunciar un delito utilizando medios digitales. [Presidencia de la República, Programa para un Gobierno Cercano y Moderno, 2013]

La Estrategia Transversal: Gobierno Cercano y Moderno constaba de cinco líneas de acción que se listan en la tabla 2.1

Tabla 2.1: Cinco líneas de acción de la estrategia transversal:
Gobierno Cercano y Moderno

1. Impulsar un gobierno abierto que fomente la rendición de cuentas en la APF.
2. Fortalecer el presupuesto basado en resultados de la APF, incluyendo el gasto federalizado.
3. Optimizar el uso de los recursos en la APF.
4. Mejorar la gestión pública gubernamental en la APF.
5. Establecer una Estrategia Digital Nacional que acelere la inserción de México en la Sociedad de la Información y del Conocimiento

Los avances en materia de Datos Abiertos lograron que México destacara en indicadores internacionales. El país alcanzó el 1er. lugar de América Latina y 11o. general del Barómetro de Datos Abiertos 2017 de la World Wide Web Foundation, subiendo cinco lugares desde 2015.

La Encuesta Nacional sobre Disponibilidad y Uso de Tecnologías de la Información en los Hogares (de marzo de 2017) reportó que los usuarios de Internet en México superaban los 65 millones, lo que representaba casi 60% de la población total. La Encuesta señaló que los usuarios que utilizan Internet para interactuar con el gobierno representaban ya 22.2% de los internautas, lo que significa un aumento de 18 veces desde 2012.

Se puede apreciar en esta secuencia de eventos, cómo ha ido madurando el pensamiento respecto de la tecnología y cómo ha aumentado el uso de esta para que el ciudadano interactúe con las instancias del gobierno, y la preocupación por apoyar el desarrollo informático de la sociedad.

2.3 La tecnología de información en los planes y proyectos de gobierno de diferentes naciones

Estados Unidos

En Estados Unidos, en el Plan Obama-Biden publicado antes de la inauguración de su primer mandato [Obama-Biden, 2007], el presidente Obama habló del uso de tecnología para "reformar el gobierno y mejorar el intercambio de información entre el gobierno federal y los ciudadanos mientras se garantiza la seguridad de nuestras redes"

A nivel estatal, Tim Pawlenty, Gobernador del Estado de Minnesota, cita el valor de la tecnología para apoyar a los objetivos de negocio del estado: "uno de nuestras mayores oportunidades de éxito descansa en la alineación entre las estrategias tecnológicas del estado y sus objetivos de negocio. El uso agresivo de tecnologías de información nos ayudará a alcanzar esos objetivos de negocio y a ofrecer mejores servicios para los ciudadanos de Minnesota" [Pawlenty-Molnau, 2004].

A nivel local, el alcalde de la Ciudad de Nueva York, Michael R. Bloomberg, también reconoció el poder de la tecnología: "yo siempre he creído en el poder de la tecnología para hacer que el gobierno trabaje mejor" [Bloomberg, 2006].

Recientemente, la administración del presidente Donald Trump instituyó el American Technology Council (ATC) con un plan de 36 puntos para promover el uso seguro y eficiente de las tecnologías de información a través del Gobierno Federal Americano. En conjunto, se espera que estas recomendaciones modernicen la seguridad y la funcionalidad de las tecnologías de información, permitan que el Gobierno Federal mejore la prestación de servicios y enfoque el esfuerzo y los recursos en lo que es más importante para los clientes de los servicios gubernamentales [cio.gov, 2018].

Es posible ver en estos textos tanto el interés por hacer más eficiente al gobierno, como la importancia para los "clientes" del gobierno.

Reino Unido

En el Reino Unido, las estrategias digitales del gobierno se publicaron en el documento titulado: "UK Digital Strategy 2017" [gov.uk, 2017] que describe siete líneas de trabajo:

- Construyendo infraestructura digital de clase mundial para el Reino Unido
- Brindando acceso para todos a las habilidades digitales que necesitan
- Haciendo del Reino Unido el mejor lugar para comenzar y hacer crecer un negocio digital
- Ayudando a que cada negocio británico se convierta en un negocio digital
- Convirtiendo al Reino Unido en el lugar más seguro del mundo para vivir y trabajar en línea
- Manteniendo al gobierno del Reino Unido como líder mundial en el servicio a sus ciudadanos en línea
- Desatando el poder de los datos en la economía del Reino Unido y mejorando la confianza del público en su uso

Se nota en este modelo un enfoque todavía más fuerte hacia el apoyo a la sociedad civil y el desarrollo de habilidades digitales en las organizaciones, sin descuidar el brindar mejores servicios usando tecnología.

China

El Gobierno Chino ha adoptado el gobierno digital, estableciendo un plan de cuatro pasos para llevar sus servicios en línea [Govinsider, 2016]

1. Todas las agencias y organizaciones gubernamentales deben enumerar los servicios que se pueden ofrecer en línea para 2017.
2. Crear sitios web que agrupen servicios digitales de todo el gobierno para integrarlos junto con plataformas de terceros.
3. Crear nuevas leyes para la "transparencia de la información". Algunas provincias en China ya han experimentado con datos abiertos y con mecanismos de retroalimentación digital de los ciudadanos.
4. Lograr que el gobierno local haga más con sus servicios digitales, incluido el uso de plataformas de terceros para comunicarse con los ciudadanos.

China presenta un modelo más cuantificable y orientado a proveer servicios digitales.

Omán

El Sultanato de Omán desarrolló el "Digital Oman Strategy" que apoya la idea de transformar a Omán en una economía sostenible basada en conocimiento y contribuye en el desarrollo de la Sociedad Digital de Omán y el gobierno electrónico. El Sultán de Omán también ordenó al Gobierno simplificar los procesos, adoptar tecnología en su operación diaria y centrarse en la entrega electrónica de sus servicios [e.Oman, 2018] [Omanuna, 2018].

En el caso de Omán, vemos un enfoque a mejora de procesos al mismo tiempo que se automatizan, y en la creación de una economía del conocimiento en el país.

2.4.- Conclusiones

La visión del potencial de la tecnología para el gobierno no es exclusiva de México, Estados Unidos, grandes ciudades o naciones desarrolladas. También países pequeños, estados y municipios de todos tamaños tienen grandes esperanzas por lo que la tecnología puede hacer por ellos. Muchas naciones cuentan con iniciativas importantes en este sector [Deakins, 2010] [Bhatnagar, 2010] [Alanís, 2010].

Y aunque la tecnología usada en la mayoría de las aplicaciones de transformación digital del gobierno es la misma que la usada en la iniciativa privada, los impactos de estas aplicaciones pueden llegar mucho más lejos que simplemente hacer más eficiente una oficina o ahorrar algunos costos. Las aplicaciones de Gobierno digital pueden influir en la competitividad de las empresas e incluso en el desempeño económico de las naciones [Srivastava, 2008] [Srivastava, 2010] [Andersen, 2010].

Parte II

El uso de la tecnología

Capítulo 3

Estructura organizacional de las áreas de tecnología en dependencias de gobierno

"la primera forma de determinar la inteligencia de un líder es viendo a las personas que le rodean"

Nicolás Maquiavelo, "El Príncipe" 1513

Una diferencia notable entre trabajar en gobierno y en la iniciativa privada es que, en gobierno, las estructuras organizacionales y las funciones están definidas en leyes y reglamentos. En la mayoría de los casos, un servidor público no puede excederse (ni quedar corto) de lo que define esa ley respecto a su función.

3.1.- La ley orgánica y el reglamento interior

Hay diferentes visiones de lo que debe incluir una ley orgánica, y existen diferentes nombres. En el contexto de este capítulo una ley orgánica es aquella que "regula la estructura y funcionamiento de las entidades del estado" (Perú); "la estructura y organización de los poderes públicos" (República Dominicana); o "las que se dicten para organizar los poderes públicos".

En México existe la "Ley Orgánica de la Administración Pública Federal" [Cámara de Diputados del H. Congreso de la Unión, 2019] y en su artículo primero dice:

> "Artículo 1o.- La presente Ley establece las bases de organización de la Administración Pública Federal, centralizada y paraestatal.
>
> La Oficina de la Presidencia de la República, las Secretarías de Estado, la Consejería Jurídica del Ejecutivo Federal y los Órganos Reguladores Coordinados integran la Administración Pública Centralizada.
>
> Los organismos descentralizados, las empresas de participación estatal, las instituciones nacionales de crédito, las organizaciones auxiliares nacionales de crédito, las instituciones nacionales de seguros y de fianzas y los fideicomisos, componen la administración pública paraestatal."

El poder ejecutivo federal en México cuenta con la oficina del presidente, 18 secretarías, 299 entidades de gobierno, 32 estados con sus municipios y 146 embajadas. La ley orgánica determina que la organización de las dependencias se define en un documento llamado Reglamento Interior

Siendo los estados entidades independientes en México, cada estado cuenta con una ley orgánica propia, que define los particulares de su administración, pero no dista mucho de los principios definidos en la reglamentación federal.

El artículo Octavo de la "Ley Orgánica de la Administración Pública Federal" indica que una de las funciones que se desarrollarán en la Oficina de la Presidencia será:

> "Artículo 8°.- ... I. Definir las políticas del Gobierno Federal en los temas de informática, tecnologías de la información, comunicación y de gobierno digital, en términos de las disposiciones aplicables;"

Por lo tanto, es responsabilidad de la Oficina de la Presidencia de la República definir las políticas informáticas nacionales; y es responsabilidad de cada dependencia y entidad definir la forma en la que la informática operará en su interior.

3.2.- La definición de las políticas y estrategias nacionales en materia de tecnología

En la Oficina de la Presidencia de la República reside la oficina de coordinación de la Estrategia Digital Nacional. Esta oficina es responsable de: "Definir las políticas del Gobierno Federal en los temas de informática, tecnologías de la información, comunicación y de gobierno digital, en términos de las disposiciones aplicables;" [www.gob.mx, consultado noviembre 2019]. La tabla 3.1 lista las responsabilidades de la oficina de coordinación de la Estrategia Digital Nacional en México.

En esta oficina se ven dos responsabilidades principales: Definir el plan nacional de informática (llamado Estrategia Digital Nacional), y operar la función de informática al interior de la Oficina de la Presidencia.

En otras administraciones, la política informática se puede definir desde un organismo independiente, que no es responsable por la operación de la informática en una oficina (como lo hizo el INEGI en México en la década de los noventas). Sin embargo, dado el impacto de las decisiones tecnológicas, las políticas informáticas nacionales deben ser validadas desde el nivel más alto de la organización.

Tabla 3.1: Responsabilidades de la oficina de coordinación de la
Estrategia Digital Nacional en México

I. Elaborar, dar seguimiento y evaluar la Estrategia Digital Nacional.
II. Orientar la emisión y ejecución de políticas públicas y lineamientos en materia de tecnologías de la información y comunicaciones
III. Coordinar acciones con la finalidad de impulsar el uso y apropiación de las tecnologías de la información y comunicación
IV. Emitir recomendaciones respecto de las mejores prácticas susceptibles de desarrollarse e implementarse a través de proyectos e iniciativas estratégicas en materia de tecnologías y seguridad de la información;
V. Participar en el diseño y formulación de las especificaciones y estándares para las adquisiciones y arrendamientos de bienes o servicios de tecnologías de la información y comunicación;
VI. Coordinar las áreas estratégicas de tecnología y los protocolos de seguridad de la información al interior de la Oficina de la Presidencia;
VII. Asesorar al Jefe de la Oficina de la Presidencia para dirigir la estrategia de comunicación digital de la Oficina de la Presidencia y administrar sus plataformas oficiales

3.3.- La operación de la función informática en cada dependencia

En las Secretarías de Estado, de acuerdo a la Ley Orgánica de la Administración Pública Federal, [Cámara de Diputados del H. Congreso de la Unión, 2015] cada dependencia debe establecer sus correspondientes servicios de apoyo administrativo.

La operación del área de Informática en las secretarías generalmente está a cargo de un Director General que reporta al Oficial Mayor que a su vez reporta directamente al secretario. En algunos casos, como en la Secretaría de Gobernación, también hay un Director General de Modernización.

En el caso de la Secretaría de Economía, por citar un ejemplo, las funciones de la Dirección General de Informática las define el Reglamento Interior de la Secretaría de Economía [Presidencia de la República, 2016] y se listan en la tabla 3.2.

Tabla 3.2: Funciones de la Dirección General de Informática de la Secretaría de Economía de México

I. Proponer al Oficial Mayor y aplicar los planes, programas y estrategias institucionales en materia de tecnologías de la información y comunicaciones para la sistematización y optimización de funciones, recursos y procesos dentro de las unidades administrativas de la Secretaría, y vigilar su cumplimiento;

II. Elaborar, ejecutar y administrar en coordinación con la Oficina del Secretario, las Subsecretarías y la Oficialía Mayor, el Plan Estratégico Institucional de tecnologías de la información y comunicaciones;

III. Determinar la viabilidad técnica y operativa de los requerimientos de las unidades administrativas de la Secretaría respecto a la aplicación y desarrollo de sistemas informáticos, adquisición de bienes y contratación de servicios en materia de tecnologías de la información y comunicaciones;

IV. Proponer al Oficial Mayor, desarrollar, proporcionar y administrar, la infraestructura de tecnologías de la información y comunicaciones, así como los sistemas y servicios relacionados, y asesorar y orientar a las unidades administrativas en su uso y aprovechamiento;

V. Coordinar el desarrollo, la implementación, la difusión y el mantenimiento de sistemas de información y administrar las licencias de uso de programas de cómputo en la Secretaría;

VI. Administrar la asignación de los bienes informáticos y de comunicaciones a las unidades administrativas de la Secretaría, así como emitir dictámenes sobre el estado físico u obsolescencia del equipo o bienes informáticos en propiedad, para su desincorporación del inventario institucional;

VII. Elaborar los programas de capacitación para el uso de las tecnologías de la información y comunicaciones de la Secretaría;

VIII. Promover el uso racional de los recursos y los servicios de tecnologías de información y comunicaciones en la Secretaría;

IX. Diseñar y proponer al Oficial Mayor la implementación de planes de continuidad y de recuperación de la información y operación de tecnologías de la información y comunicaciones, así como supervisar dicha implementación y operación;

X. Analizar las tecnologías de la información y comunicaciones existentes en el mercado y sus tendencias, con el propósito de generar alternativas para su posible adopción en la Secretaría;

XI. Asesorar y promover estándares en materia de tecnologías de la información y comunicaciones en la Secretaría, así como en las entidades paraestatales sectorizadas a ésta, con la finalidad de lograr la homologación tecnológica, alineación e interoperabilidad en los sistemas o soluciones informáticas que fomenten la eficiencia y eficacia en el sector;

XII. Administrar y operar, al interior de la Secretaría, los centros de cómputo, los servicios de comunicaciones y demás servicios relacionados con éstos;

XIII. Desarrollar, hospedar y monitorear el funcionamiento de los sitios de Internet e Intranet de la Secretaría, así como proporcionar a las áreas responsables de la administración de la información contenida en dichos sitios y aplicaciones, las herramientas tecnológicas para tal efecto;

XIV. Representar a la Secretaría en materia de tecnologías de la información y comunicaciones ante las instancias nacionales e internacionales que corresponda;

XV. Aplicar, coordinar y supervisar los procedimientos y mecanismos de seguridad de la información, de los sistemas informáticos institucionales y de la infraestructura de tecnologías de información y comunicaciones de la Secretaría conforme la normativa aplicable, y

XVI. Las demás que las disposiciones legales y administrativas le confieran y las que le encomiende el secretario.

Por la naturaleza dinámica de las estructuras orgánicas, los siguientes datos se reportan de manera ilustrativa, Estos se reportan de acuerdo a datos publicado en el portal Gob.mx y en el Portaltransparencia.gob.mx La tabla 3.3 muestra la ubicación de las áreas responsables por las tecnologías de información en diferentes dependencias federales en México

Tabla 3.3: Ubicación de las áreas responsables por las tecnologías de información en diferentes dependencias federales en México

- En la Secretaría de Gobernación, dependiendo de la Oficialía Mayor está la Dirección General de Tecnología de la Información y Comunicaciones; y la Dirección General de Modernización, Organización y Eficiencia Administrativa.

- En la Secretaría de Relaciones Exteriores, de la Oficialía Mayor depende la Dirección General de Tecnologías de Información e Innovación.

- En la SHCP del Oficial Mayor depende la Dirección General de Tecnologías y Seguridad de la Información.

- En la Secretaría de Desarrollo Social, del oficial Mayor depende la Dirección General de Tecnologías de la Información y Comunicaciones.

- En la Secretaría de Economía, del Oficial Mayor depende la Dirección General de Tecnologías de la Información y Comunicaciones.

- En la Secretaría de Comunicaciones y Transportes, del Oficial Mayor depende la Unidad de Tecnologías de Información y Comunicaciones.

- En la Secretaría de la Función Pública, bajo la Oficialía Mayor está la Dirección General de Tecnologías de Información.

- En la Secretaría de Salud, bajo la Subsecretaría de Administración y Finanzas está la Dirección General de Tecnologías de la Información.

- En la Procuraduría General de la República, bajo el Oficial Mayor sirve el Director General de Tecnologías de Información y Comunicaciones.

3.4.- Conclusiones

A diferencia de las empresas privadas, en el gobierno las estructuras organizacionales están definidas en leyes y reglamentos que indican dónde se encuentra cada función dentro de la organización, y qué responsabilidades tiene. Para un profesional que comienza su trabajo el gobierno, o para un proveedor que busca a quién presentar un proyecto, documentos como la Ley Orgánica o el Reglamento Interior de una dependencia le pueden servir de guía para entender las (algunas veces) complejas estructuras organizacionales del gobierno. Cabe notar que estos documentos son generalmente de dominio público, están disponibles libremente y su aplicación es de carácter obligatorio para quienes trabajan en el gobierno.

Capítulo 4

Tipos de proyectos gubernamentales

"La prosperidad y seguridad de los Estados Unidos depende de cómo respondamos a los retos y oportunidades que existen en el ciberespacio. La infraestructura crítica, la defensa nacional, y la vida diaria de los americanos descansa sobre tecnologías de información basadas en computadoras e interconectadas"

National Cyber Strategy of the United States of America, 2018

Los proyectos gubernamentales se pueden clasificar usando varias dimensiones: según el tipo de usuario con el que interactúan, o según el tipo de apoyo que brindan.

La primera dimensión se basa en el tipo de usuario con el que interactúan. Un sistema de información en el gobierno puede servir para atender a la comunidad (por ejemplo, expedir actas de nacimiento), a otras oficinas de gobierno (administrar el presupuesto de una oficina), a los proveedores o contratistas de oficinas de gobierno (pago de facturas), o a los empleados del gobierno (capacitación o pago de nóminas). Cada tipo de interacción conlleva diferentes objetivos y parámetros.

El segundo modelo de clasificación es según el tipo de apoyo que brinda el sistema de información. Un sistema de información gubernamental puede servir para apoyar las funciones de una dependencia o algún programa estratégico (por ejemplo: expedir licencias, cobrar impuestos, atender denuncias), o bien considerarse un proyecto de infraestructura, que es necesario como soporte a otros sistemas (como lo serían las redes, el correo electrónico, o aplicaciones de seguridad informática).

Existe un tercer tipo de proyecto, el proyecto transformacional, que consiste en realizar una reingeniería, o un cambio paradigmático a las funciones de una entidad gubernamental. Sobra decir que este tipo de proyectos no es común y requiere cambios revolucionarios en el uso de la tecnología en la organización. En este capítulo se describen y ejemplifican las diferentes clasificaciones de proyectos.

4.1 Proyectos de gobierno organizados por el tipo de servicio que brindan

Mientras que algunos organismos gubernamentales ofrecen servicios a la comunidad (a las personas, así como a las empresas) que se conocen como Gobierno-a-Ciudadano (G2B), existen también otro tipo de transacciones en las oficinas de gobierno: con otras oficinas de gobierno (Gobierno-a-Gobierno G2G), con sus proveedores o contratistas (Gobierno-a-Negocio G2B), e incluso con sus mismos empleados (Gobierno-a-Empleado G2E) (Alanís, 2010). El éxito de los distintos proyectos del gobierno se mide en términos variados dependiendo de sus objetivos, su posición en la cadena de valor y en las partes interesadas.

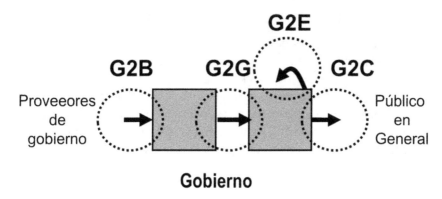

Figura 4.1: Tipos de servicio que brindan las soluciones de transformación digital del gobierno

Los sistemas Gobierno-a-Ciudadano (G2C) Generalmente se ocupan de la prestación de servicios. El objetivo de estos sistemas es hacer que sea más sencillo para un ciudadano, o una empresa, interactuar con el gobierno (por ejemplo, con la simplificación del proceso de pago de los impuestos) o para recibir servicios (por ejemplo, la simplificación del proceso que se requiere para abrir un nuevo negocio). Para estos sistemas, ahorro de costos no es necesariamente el mejor indicador de éxito. Valor social, ahorro de tiempo, y la percepción del público son valiosos beneficios que son compatibles con la misión del sector.

Los sistemas diseñados para intercambiar información o simplificar las transacciones entre diferentes oficinas gubernamentales se llaman sistemas de gobierno-a-gobierno (G2G). La mayoría de las dependencias de apoyo como puede ser la Oficialía Mayor, el área de servicios generales, y departamentos encargados de administrar el presupuesto; atienden principalmente clientes internos. Estos sistemas son necesarios para el buen funcionamiento de las dependencias del gobierno. En estos casos, el ahorro de costos y la continuidad de las operaciones son buenos indicadores de éxito (en esta categoría, sí se comparten objetivos con sistemas similares de la iniciativa privada).

Los sistemas Gobierno-a-negocio (G2B) se enfocan en las operaciones del Gobierno como cliente de un proveedor. Se enfocan en la relación del gobierno con proveedores de bienes y servicios o contratistas. Es importante distinguir estos sistemas de aquellos donde la empresa actúa como una persona moral que requiere servicios de gobierno (que caerían en el rubro de B2C). Al igual que en la iniciativa privada, en sistemas G2B, el ahorro de costos y la continuidad de las operaciones son buenos indicadores de éxito.

Por último, los sistemas de gobierno-a-empleados (G2E) (pago de nóminas, declaraciones patrimoniales, etc.) hacen más sencillo para los empleados públicos la interacción con el gobierno al que sirven. Cada hora que un empleado del gobierno invierte tiempo en el cumplimiento de requisitos internos, es una hora menos que él, o ella, pasa al servicio del público. Los sistemas G2E tienen éxito en la medida en que permiten eficiencias internas y que permitan a los servidores públicos concentrarse en sus funciones reales.

4.2 Proyectos de gobierno clasificados por el tipo de apoyo que brindan a la operación

En Gobierno generalmente existe un plan general de acción. En cada dependencia se puede encontrar una lista de actividades a realizar durante cada período, con sus prioridades e incluso un presupuesto ya asignado. Eso es una ventaja para los informáticos. En general, los planes de Gobierno son un buen indicador de los programas que serán considerados estratégicos y de los lugares donde se deberá brindar mayor apoyo. Estos documentos de estrategia y planeación del gobierno, son el principio de la planeación de informática. Por ejemplo, como parte del programa de mejorar la seguridad pública, puede surgir un proyecto para la modernización del sistema de atención a emergencias de la Policía. Como parte del proyecto para brindar seguridad jurídica, se puede planear el programa de modernización del Registro Público de la Propiedad.

Existen otros tipos de proyectos que, aunque no están ligados directamente con un programa de gobierno, pueden también resultar indispensables. El mantenimiento y operación de los sistemas actuales constituyen una clase de proyectos de infraestructura. Por ejemplo, es fácil prever que habría consecuencias desastrosas si la nómina dejara de operar. Por otra parte, para los especialistas es obvio que antes de desarrollar sistemas que intercambien información, es necesario contar con usuarios que sepan utilizar los equipos de cómputo; y que antes de poder transmitir datos de un edificio a otro, es necesario contar con las líneas de comunicación adecuadas. Proyectos como capacitación y creación de una cultura informática, la adquisición de una infraestructura de comunicaciones, la renovación de los equipos obsoletos, y, sin lugar a dudas, la seguridad y el mantenimiento de los equipos y sistemas actuales, son proyectos de infraestructura informática que deben ser considerados en un plan global de informática para una dependencia.

4.3.- Proyectos transformacionales: revolución en lugar de evolución

La automatización de procesos hace más eficiente lo que se está haciendo. Sin embargo, llega un punto donde la única forma de acelerar aún más un proceso y maximizar el potencial de la tecnología es repensando el proceso. Esto se conoce como reingeniería de procesos de negocio. El término fue difundido por Michael Hammer [Hammer, 1990] y consiste en cambiar el enfoque a la solución de un problema.

Hammer ilustra la idea de reingeniería con una analogía. Dice que, en lugar de pavimentar los caminos de tierra para poder ir más rápido, es mejor replantear la ruta y buscar mejores formas de obtener los resultados que buscamos. La pregunta no es cómo recorro la ruta más rápido, sino por qué quiero llegar a mi destino. Quizá la respuesta nos muestre que una llamada telefónica es suficiente y no sea necesario tener esa ruta. Quizá la respuesta sea que podemos construir un puente que elimine buena parte del camino.

La idea principal de la identificación de proyectos transformacionales es cambiar la pregunta. Reenfocar el esfuerzo de ¿cómo hago esto más rápido?, a ¿por qué hago esto?, o ¿podría hacer otra cosa?

Un ejemplo de un proyecto transformacional ocurrió en las oficinas del Registro Civil del Estado de Nuevo León, México. [Alanís, Kendall y Kendall, 2009] Como antecedente es importante aclarar que, en México, como en otros países, se depende de documentos físicos para realizar muchas transacciones. Las actas de nacimiento son un documento emitido por la oficina del Registro Civil que cae bajo la jurisdicción estatal (a diferencia de las oficinas federales que dependen del gobierno central). Un acta de nacimiento refleja la información almacenada en el Registro Civil referente a una persona. Incluye datos como su nombre, fecha y lugar de nacimiento, nombres de los padres, e incluso incluye anotaciones marginales en caso de matrimonio, cambio de nombre, o fallecimiento, entre otras.

El proyecto comienza cuando el director del Registro Civil solicita apoyo pues "durante enero y febrero la demanda por actas de nacimiento es tan alta que algunas veces la gente debe esperar en largas filas durante horas para ser atendida". La pregunta inicial era ¿cómo podemos hacer más eficiente el proceso?

Al revisar el proceso seguido para emitir actas de nacimiento se encontró que, a menos que se abrieran más módulos de atención al público (con su consiguiente costo de equipamiento y personal), era difícil eliminar el problema. Esto llevó a la necesidad de replantear la pregunta inicial.

El replanteamiento consistió en cambiar el enfoque de ¿cómo emito actas más rápido? a ¿por qué la gente necesita actas de nacimiento en enero y febrero? Al plantear esa pregunta la respuesta que se obtuvo fue que las actas eran necesarias para inscribir a los niños en la escuela en el primer grado de educación primaria, pues es un documento requerido por la Secretaría de Educación, y las inscripciones son en febrero de cada año.

Entonces, vimos que el cliente de las actas no era el padre o madre de familia que venía a recoger el documento, el cliente era la Secretaría de Educación (que solicitaba las actas de las escuelas). Al entrevistar al Secretario de Educación, indicó que las actas son indispensables pues los padres algunas veces no conocen el nombre real con el que se registró al niño. Por ejemplo, al nacer una bebé los padres deciden registrarla como Ana María, pero desde esa fecha solo la han llamado Ana. Si la inscribieran en la escuela como Ana, al final del ciclo se emitirían certificados a nombre de una persona que en realidad no existe jurídicamente. El acta era necesaria para asegurar que el nombre correcto de la niña quedara registrado correctamente desde el día en que ella ingresara al sistema educativo.

El otro elemento importante era la fecha de nacimiento. Para ingresar a primero de primaria un niño debería tener seis años cumplidos antes del primero de septiembre del año de inicio de clases. Si el niño es menor debe esperar al año siguiente, si es mayor de doce años al iniciar la primaria requiere un sistema diferente de educación.

La primera solución fue que, si se sabía que las actas a solicitar eran las de los niños nacidos hacía seis años, se podían preparar por adelantado para que el usuario solo tuviera que recogerlas sin esperar a que se prepararan. El problema de esta solución es que el gobierno sigue usando al ciudadano como mensajero para llevar un acta de una oficina de gobierno (el Registro Civil) a otra (la Secretaría de Educación).

La segunda solución consistió en editar un libro con los nombres de los niños nacidos en el estado en el período en cuestión (hacía seis años) y enviar copias del libro a las escuelas. Las personas ya no requerirían un acta, solo deberían encontrar la información en el libro que estaba en la escuela. Si el niño estaba fuera de esas fechas, o había nacido en otro estado, entonces sí tendría que llevar un acta física.

Los resultados fueron que ese año noventa mil personas no tuvieron que acudir a las oficinas del Registro Civil por un acta de nacimiento (un éxito social a todas luces). Un efecto secundario de esto es que noventa mil personas no pagaron por la emisión de un acta lo que levantó alarmas en la Tesorería del Estado. El problema se solucionó con la intervención de Gobernador que aclaró que el valor de ahorrarles a tantas personas un trámite era superior al costo de la reducción en ingresos esperados. El proyecto se instauró y se ha seguido operando por varios años.

No todos los proyectos requieren una reingeniería. Estas son más riesgosas, requieren más tiempo, enfrentan mayor resistencia al cambio y son más complicadas que un proyecto de automatización, pero en ciertos casos, el repensar los procesos puede ser la única solución a un problema en gobierno.

4.4.- Evolución de los proyectos informáticos durante una administración gubernamental

"Sé que cuando tenga 60 años estaré tratando de conseguir unas metas personales diferentes a las que tenía con 20 años."

Warren Buffett, Partnership Letter, Mayo 1969

Una complicación adicional en la planeación de aplicaciones de transformación digital del gobierno es el hecho de que las prioridades para una administración cambian dependiendo de la distancia a las próximas elecciones.

En México, un presidente es elegido para un período de seis años (Gobierno Federal). Lo mismo ocurre para el gobernador de un estado (Gobierno Estatal). Los alcaldes, en las administraciones locales, son elegidos para periodos de tres años (Gobierno Municipal). En algunos casos, es posible la reelección, en otros no.

Diferentes países tienen períodos de gobierno con distintas duraciones y diferentes reglas en lo que toca a la reelección, sin embargo, siempre se pueden ver tres etapas características de cada período: La etapa inicial, la parte intermedia y el período de cierre.

Al comienzo de una administración, es más probable que una agencia considere proyectos a largo plazo o proyectos de soporte interno destinados a obtener eficiencias, ahorrar costos o resolver problemas complejos.

A medida que se acerca el final del período designado, el interés se dirige a proyectos de corto plazo y con impactos externos. Al final de una administración, es importante completar los desarrollos en curso y dar una imagen de éxito y valor a la comunidad.

Esta evolución en las prioridades se puede ilustrar al observar tres citas de Michael R. Bloomberg, alcalde de la ciudad de Nueva York, en diferentes momentos durante su segundo mandato:

Siempre he creído en el poder de la tecnología para hacer que el gobierno funcione mejor.

- Alcalde Michael R. Bloomberg, 19 de octubre de 2006

Siempre he creído en el poder de la tecnología para brindar la información esencial que necesita cuando la necesita.

- Alcalde Michael R. Bloomberg, 17 de febrero de 2008

Siempre he creído en el poder de la tecnología para hacer que el gobierno sea más abierto y accesible para las personas a las que se supone que debe servir.

- Alcalde Michael R. Bloomberg, 4 de agosto de 2008

Para el caso de México, esta tendencia se puede ilustrar analizando las inversiones en tecnología realizadas por un estado en diferentes años de su administración. Se analiza particularmente la inversión en Penales.

Año 1: Se invierte en equipo de cómputo y se invierte en el desarrollo de un sistema de información para administrar expedientes

Año 2: Se invierte en equipamiento en diferentes unidades, se implementa el sistema adquirido en unidades foráneas

Año 3: Se logra integrar en una base de datos toda la información de expedientes de las diferentes unidades

Año 4: Se desarrolla un sistema de administración de expedientes de reos en el área de ejecución de sanciones. Se desarrolla un sistema de administración de personal.

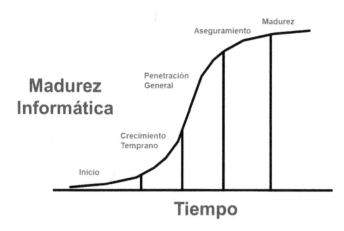

Figura 4.2: Etapas de madurez de proyectos informáticos

Se puede apreciar cómo los primeros años el enfoque es en desarrollar proyectos de largo plazo y equipar. En los años intermedios, el enfoque es en consolidar, mientras que en los años finales los proyectos van más enfocados hacia el servicio a usuarios externos, lo que da más visibilidad a los resultados obtenidos.

Es común ver, en una administración de seis años, como son las administraciones estatales y federales en México, que los meses desde la toma de posesión hasta el final del primer año en que se toma posesión se usan para planear, desarrollar propuestas y asegurar presupuesto, que se ejerce a partir del primer año calendario completo de la administración.

Los grandes proyectos son contratados en los años 1 y 2 de una administración de seis años. Los años 3 y 4 se usan para completar el desarrollo y consolidación de proyectos, mientras que los años 5 y 6 se enfocan en explotar las capacidades desarrolladas brindando un mejor servicio.

Proyectos específicos para ciertas etapas

Hay algunos proyectos específicos que reciben especial atención al inicio y al final de una administración. Generalmente los primeros meses de una administración, el enfoque es en planeación y definición de proyectos. En los últimos meses, se puede apreciar un esfuerzo extraordinario en sistemas de entrega-recepción de dependencias, pues para el cambio de estafeta entre administraciones habría que realizar un cierre de cuentas y entrega de inventarios.

4.5.- Conclusiones

De la combinación de todos los tipos de proyectos, surge la lista de proyectos que se deben atender. El siguiente paso es ponerle orden a la lista, decidir qué proyectos son más importantes y a cuáles se le deberá dedicar los limitados recursos humanos, recursos económicos y tiempo disponible.

Capítulo 5

Planeación de tecnología en el Gobierno

"Los mejores generales son aquellos que llegan a los resultados planeados, sin estar atados a los planes."

Winston S. Churchill, "My early life: A roving commission", 1930

Una de las actividades más complejas en una administración pública es preparar y negociar un presupuesto. Durante ese período, las áreas de Informática deben preparar documentos detallados de los proyectos que piensan abordar y de las áreas que recibirán apoyo informático para mejorar su forma de operar y brindar un mejor servicio a los ciudadanos, sus clientes.

Aunque hay mucho escrito de las diferentes técnicas de planeación de informática, la mayoría de los artículos hablan de técnicas para empresas privadas que persiguen fines de lucro. Hay poco escrito acerca de la forma de definir prioridades informáticas en el Gobierno.

En este capítulo se describe, a manera general, una forma de ponerle orden a las demandas por bienes y servicios informáticos que se tienen en algunas áreas del sector público. Esta técnica puede representar un buen punto de partida en la búsqueda de la mejor técnica de planeación para la situación específica de cada dependencia.

5.1.- Métodos de planeación de informática

Hay muchas formas de preparar un presupuesto; desde utilizar el monto que se autorizó el año pasado y agregarle un porcentaje para contrarrestar la inflación, hasta técnicas que requieren el análisis detallado de la capacidad instalada, los costos y beneficios esperados, y las prioridades de cada usuario en la organización. En lo que sí parecen estar de acuerdo los especialistas, es que la informática debe existir para apoyar a la organización. Que la informática es importante, no tanto por el valor que pueda tener por sí misma, sino por los beneficios que puede brindar al gobierno. Por lo tanto, la planeación de informática debe partir del plan de la organización y hacer todo lo posible por apoyar los programas y planes de la entidad a la que sirve.

5.2.- Selección de proyectos informáticos

Una de las verdades en gobierno es que nunca hay todo el dinero que se quisiera tener para poder completar todos los proyectos, contar con el personal, tiempo y recursos suficientes siempre. Por lo tanto, hay que analizar las opciones y decidir en qué se va a trabajar y qué proyectos deben esperar al siguiente ciclo presupuestal.

Hay dos categorías de proyectos para cualquier área de sistemas: la operación actual y los proyectos nuevos.

La primera responsabilidad del área de tecnología es que los sistemas en operación deben seguir operando, y lo deben hacer bien. Aunque parezca obvio, si la nómina dejara de funcionar, o las cajas de tesorería dejaran de aceptar pagos, se podría pronosticar, casi sin lugar a dudas, que alguien sería despedido.

Es importante asegurar la correcta operación de los sistemas actuales, y que los equipos y soluciones reciban el mantenimiento necesario. Un sistema crítico en mala salud es un riesgo que se debe atacar (ya sea reemplazando el sistema o actualizándolo) De igual manera, es importante analizar si todos los sistemas existentes requieren seguir operando. Algunas veces es posible encontrar aplicaciones que se han usado por años, pero ya no proveen ningún valor a la organización.

El siguiente paso es priorizar los nuevos desarrollos. Hay dos tipos principales de proyectos informáticos nuevos: proyectos de apoyo a un programa de gobierno y proyectos de infraestructura.

En Gobierno casi siempre existe un plan general de acción. En cada dependencia se puede encontrar una lista de actividades a realizar durante cada período con sus prioridades. Eso es una ventaja para los informáticos. Los planes de Gobierno son un buen indicador de los programas que serán considerados estratégicos y de los lugares donde se deberá brindar mayor apoyo. Estos documentos de estrategia y planeación institucional, son la base de la planeación de informática. Por ejemplo, como parte del programa de mejorar la economía local, puede surgir un proyecto para la simplificación de trámites administrativos para abrir empresas. Como parte del proyecto para brindar seguridad jurídica, se puede planear el programa de modernización de las oficinas del Registro Civil.

Existen otros tipos de proyectos que, aunque no están ligados directamente con un programa de gobierno, pueden también resultar indispensables. Como se menciona arriba, proyectos como capacitación y creación de una cultura informática, la adquisición de una infraestructura de comunicaciones, el mantenimiento de los equipos y sistemas actuales, la renovación de los equipos obsoletos, y, la protección de la información, son proyectos de infraestructura informática que deben ser considerados en el plan global.

De la combinación de ambos tipos de proyectos (de apoyo a un programa de gobierno y de infraestructura informática), surge la lista de proyectos nuevos que se deben atender. El siguiente paso es ponerle orden a la lista, decidir qué proyectos son más importantes y a cuáles se le deberán dedicar los limitados recursos humanos, económicos y tiempo disponible.

5.3.- Calificación de proyectos

Luego de listar los proyectos para mantener la operación actual es necesario priorizar los proyectos nuevos. Un esquema para ordenar los proyectos de infraestructura es decidir qué proyectos estratégicos dependen de qué infraestructura para poder funcionar. De hecho, la razón de ser de los proyectos de infraestructura es mantener funcionando los proyectos actuales y permitir el desarrollo de los nuevos proyectos. Un proyecto de infraestructura debería aparecer justo antes que el primer proyecto estratégico que lo requiriera.

El orden que se le ponga a los proyectos estratégicos va a depender de cuatro factores principales:

- qué tan importante es el programa al que se está apoyando,
- qué tan importante es el apoyo informático para el proyecto,
- qué tan disponible está la tecnología y
- qué disposición tienen los usuarios.

El Primer factor califica al proyecto en general:

La importancia del programa: Es obvio que si, por ejemplo, el proyecto para combatir el pandillerismo es más prioritario en un plan de Gobierno que el proyecto para eliminar las colas en el módulo de información de una oficina, los programas informáticos para el primero tendrían prioridad sobre los del segundo. Generalmente hay una lista de programas prioritarios en el gobierno, y hay un orden entre ellos. A esta lista se le pueden asignar puntos. Esto puede ser un primer indicador de dónde debe estar la atención cuando se planean nuevos proyectos.

Tabla 5.1: Lista general de proyectos con puntuación

Proyecto	Importancia	Puntos
A	1	85
B	2	83
C	3	75
D	4	68
E	5	56

Los siguientes tres factores califican el rol de informática dentro de ese proyecto:

El nivel de apoyo informático: Hay proyectos donde la informática es indispensable para su funcionamiento. Mencionemos por ejemplo el proyecto de modernización del Registro Público de la Propiedad, este no se podría realizar sin apoyo de sistemas de cómputo. Hay, por otra parte, proyectos que quizá no dependan tanto de los sistemas, por ejemplo, el proyecto de mejorar la salud pública mediante la construcción de campos deportivos. En estos casos, aunque el proyecto de construcción de campos deportivos pueda ser más importante en alguna lista de proyectos, probablemente el proyecto de modernización del Registro Público de la Propiedad debería recibir mayor atención por parte del área de Informática, pues es ahí donde se recibiría mayor beneficio por la inversión.

La disponibilidad de la tecnología: Un factor importante para definir si un proyecto se hace este año o el año siguiente es si la tecnología que requiere está disponible en la organización o incluso en el mercado. Si ya tengo el equipo, quizá sea más sencillo conseguir el software. Por otra parte, las tecnologías generalmente son más accesibles conforme pasa el tiempo. Trabajar con una tecnología que apenas se está desarrollando puede resultar caro y no dar los resultados esperados. Sin embargo, proyectos que el año pasado se rechazaron por ser muy caros o muy difíciles, pueden ser viables dados los cambios en los marcados y las condiciones actuales.

El cuarto factor a considerar es *la actitud de los usuarios*: En igualdad de circunstancias, un proyecto para un usuario que sí quiere que funcione es más fácil de desarrollar, y puede dar mejores resultados, que otro con un usuario que se resiste a cambiar.

Al colocar los tres factores en una tabla se puede calificar cada proyecto en términos de cada factor, así, si un proyecto requiere totalmente del apoyo informático este recibiría 10 puntos en ese factor, mientras que, si un proyecto depende de tecnología no disponible, o difícil de conseguir, podría recibir 3 puntos en el factor correspondiente.

Tabla 5.2: Proyectos calificados por factor

Proyecto	Importancia del apoyo informático	Disponibilidad de la tecnología	Actitud del usuario
A	8	10	8
B	10	10	9
C	9	8	8
D	4	3	9
E	8	10	5

Para definir qué tan importante es la informática para el proyecto se asigna un peso a cada factor (da tal forma que sumen 100%). De esta forma, un proyecto con 10 puntos en cada uno de los tres factores valdría 100% de su puntaje, mientras que un proyecto con 5 punto en cada factor valdría 50% de los puntos asignados a ese proyecto. Como ejemplo, en la siguiente tabla se asigna 50% del peso al factor Importancia, 30% a Disponibilidad y 20% a Actitud. Al multiplicar el peso por el puntaje y sumar cada proyecto se obtiene un valor que indica la importancia de la tecnología para el proyecto (sin considerar qué tan importante sea, o no, el proyecto en la tabla global).

Tabla 5.3: Lista de proyectos con cálculo del valor de la contribución de la informática en cada uno

Proyecto	Importancia del apoyo informático	Disponibilidad de la tecnología	Actitud del usuario	Valor de TI
Peso por factor -->	50%	30%	20%	
A	8	10	8	0.86
B	10	10	9	0.98
C	9	8	8	0.85
D	4	3	9	0.47
E	8	10	5	0.8

Al combinar la tabla 5.3 con los valores de TI para cada proyecto, con los puntos de los proyectos que se obtienen de la tabla 5.1 con el valor global, y multiplicar los puntos del proyecto por el valor de TI se obtiene un puntaje que indica la importancia de cada proyecto dentro del plan de informática del año.

Tabla 5.4: Lista de proyectos con puntuación indicando importancia para el área de Informática

Proyecto	Importancia del apoyo informático	Disponibilidad de la tecnología	Actitud del usuario	Valor de TI	Puntos	Puntuación final para TI
Peso por factor -->	50%	30%	20%			
A	8	10	8	0.86	85	73.1
B	10	10	9	0.98	83	81.3
C	9	8	8	0.85	75	63.8
D	4	3	9	0.47	68	32.0
E	8	10	5	0.8	56	44.8

Este cálculo permite reordenar los proyectos y esta lista puede ser diferente a la lista global. Por ejemplo, en este caso, aunque el proyecto A tiene mayor prioridad que el proyecto B, este último tiene más puntos para informática, por lo que merecería más atención.

Tabla 5.5: Proyectos ordenados según su importancia para el área de Informática

Proyecto	Puntuación final para TI
B	81.3
A	73.1
C	63.8
E	44.8
D	32.0

Esta no es una lista final de proyectos, hay que considerar los recursos y presupuesto disponibles y decidir, partiendo del proyecto más importante, hasta qué proyecto se podría llegar.

La lista generada se convierte en una herramienta de negociación. Con ella, y considerando factores como el balance de riesgos (no podemos tomar solo proyectos a largo plazo o proyectos muy sencillos) se puede iniciar la negociación con las dependencias usuarias para generar una lista final de que es lo que se va a desarrollar este año y qué debe esperar al año siguiente.

Los factores a analizar pueden cambiar, también el peso de cada uno. El valor de esta metodología estriba en que no solo toma en cuenta consideraciones económicas de los proyectos, sino que parte de las prioridades de cada administración, tomando en cuenta factores que resultarían difíciles de cuantificar, pero que son igual de valiosos para el sector público.

La herramienta da visibilidad al trabajo pendiente y ayuda a involucrar a los usuarios en los proyectos informáticos.

5.4.- Conclusiones

Aunque una técnica de planeación de informática en Gobierno generalmente analiza muchos parámetros, quizá más que los descritos en este artículo, aquí se describe una forma de empezar el análisis y de ordenar las necesidades de la organización. Lo más importante es tener en mente que un buen plan de informática permite optimizar el uso de recursos humanos, materiales y tecnológicos para ayudar a la organización a hacer un mejor trabajo.

Capítulo 6

Retos y oportunidades comunes

"Como me quieres bien, Sancho, hablas desa manera, dijo Don Quijote, y como no estás experimentado en las cosas del mundo, todas las cosas que tienen algo de dificultad te parecen imposibles"

Miguel de Cervantes Saavedra, "Segunda Parte del Ingenioso Caballero Don Quijote de la Mancha", Capítulo XXIII, 1615.

La primera vez que alguien se enfrenta a los presupuestos anuales, a la ley de adquisiciones, a la ley orgánica, a la ley de responsabilidades y a las numerosas leyes y reglamentos que aplican sobre el quehacer el área de tecnología en el gobierno, la experiencia puede resultar abrumadora. El consejo más importante que se puede dar en esos momentos es que nunca se debe infringir la ley, las leyes se respetan. Habiendo dicho eso, lo que sigue es ver cómo entender el funcionamiento de una maquinaria tan compleja como lo es el gobierno.

Con, o sin tecnología, el gobierno ha operado por mucho tiempo, y siempre es posible encontrar personas con experiencia y los contactos suficientes para saber qué hacer, cómo y cuándo. Hay, sin embargo, algunos puntos que pueden resultar valiosos conocer si se quiere echar a andar un proyecto en el gobierno. En este capítulo se discute la importancia de encontrar un campeón para cada proyecto (negociar un presupuesto), entender el ciclo de presupuestación (obtener un presupuesto) y conocer el proceso de adquisiciones (para poder ejercer el presupuesto recibido).

6.1.- Justificación de proyectos (negociar el presupuesto)

El objetivo del Gobierno no es el diseño y aprovechamiento de nuevas tecnologías, el objetivo es el servicio al ciudadano, y para eso requiere de tecnología como habilitador. Por lo tanto, el área de TI se ve como un área de soporte y no necesariamente un área estratégica. Prueba de esto es la ubicación de las áreas de tecnología dependiendo generalmente del Oficial Mayor (oficial administrativo) de la Dependencia, lo que la convierte en una unidad de apoyo administrativo interno.

Considerando la clasificación de los proyectos de Gobierno por el tipo de apoyo que brindan a la operación, los proyectos de infraestructura son generalmente responsabilidad única del área de TI, mientras que los proyectos de apoyo a un programa estratégico o a la operación son competencia de las unidades operativas encargadas del servicio.

Por lo tanto, es importante asegurar que cada dependencia obtenga el presupuesto necesario para la operación, más los proyectos adicionales que requiera, y que el área de informática obtenga el presupuesto para los proyectos de infraestructura y capacitación que sean necesarios para que el gobierno siga operando.

En cuanto a nuevos desarrollos, el reto principal en la justificación de proyectos es la "venta" hacia el interior de la dependencia usuaria, encontrando un "campeón" o líder de proyecto en la unidad que vea el valor del potencial de la tecnología y esté dispuesto a ser el "padre" del proyecto, defendiéndolo y negociando recursos desde su definición, presupuestación, administración del desarrollo, hasta su etapa de operación.

6.2.- Planeación y presupuestación (obtener el presupuesto)

"El presupuesto va un año atrás de los proyectos"

En Gobierno, las operaciones se rigen por un presupuesto y este se define anualmente. Es difícil encontrar fondos para un proyecto, si este no se planeó antes de la definición del presupuesto del año en curso. En muchos casos, grandes ideas u oportunidades deben esperar a ser incluidas en un presupuesto y algunas veces, aunque la idea sea importante, si el proyecto trasciende el tiempo que le resta a una administración pública, se corre el riesgo que el presupuesto no se apruebe.

Muchas veces, el diseño del proyecto y su definición (al punto de tener un estimado del costo) se debe financiar con gastos de operación, pues es difícil obtener recursos para estudios o diseños, a menos que esté contemplado hacer el estudio un año y la ejecución el año siguiente, o bien que se tenga una idea del costo total, incluyendo el estudio de factibilidad, antes de solicitarlos fondos.

El ciclo de presupuestación y ejercicio del presupuesto es una de las diferencias importantes para la ejecución de programas de tecnología de información entre el Gobierno y empresas de la iniciativa privada.

6.3.- El proceso de compras del Gobierno (ejercer el presupuesto)

Para alguien que intenta vender proyectos al gobierno, o para alguien que comienza una carrera en el campo, una de las más notables diferencias entre tratar con el gobierno y con la iniciativa privada radica en el proceso de compra. Los gobiernos se rigen por leyes y estas definen exactamente qué procesos deben seguir las agencias gubernamentales para adquirir productos y servicios.

En los Estados Unidos, la mayoría de las adquisiciones del gobierno federal se rigen por el Reglamento de Adquisición Federal. En Canadá, los contratos se rigen por el Reglamento de Contratos del Gobierno, cuyo objetivo es garantizar que las agencias gubernamentales en Canadá "obtengan el mejor valor para los canadienses mientras mejoran el acceso, la competencia y la equidad" [Government of Canada 2018].

En México, las compras del gobierno son tema de la Constitución Política del país, que en su artículo 134 dice:

"Las adquisiciones, arrendamientos y enajenaciones de todo tipo de bienes, prestación de servicios de cualquier naturaleza y la contratación de obra que realicen, se adjudicarán o llevarán a cabo a través de licitaciones públicas mediante convocatoria pública para que libremente se presenten proposiciones solventes en sobre cerrado, que será abierto públicamente, a fin de asegurar al Estado las mejores condiciones disponibles en cuanto a precio, calidad, financiamiento, oportunidad y demás circunstancias pertinentes.

Cuando las licitaciones a que hace referencia el párrafo anterior no sean idóneas para asegurar dichas condiciones, las leyes establecerán las bases, procedimientos, reglas, requisitos y demás elementos para acreditar la economía, eficacia, eficiencia, imparcialidad y honradez que aseguren las mejores condiciones para el Estado."

H. Congreso de la Unión, "Constitución Política de los Estados Unidos Mexicanos", Art. 134

El artículo 134 se operacionaliza, a nivel federal, en la Ley de Adquisiciones, Arrendamientos y Servicios del Sector Público [Cámara de Diputados del H. Congreso de la Unión, 2014]. Las diferentes agencias en diferentes estados y países tienen sus propias leyes, pero los procesos son similares en alcance y propósito.

Dependiendo de la legislación, y el monto de la compra, esta puede ser una compra directa, una compra con tres o cinco cotizaciones, una licitación por invitación, una licitación pública nacional o una licitación pública internacional.

Las compras directas generalmente ocurren cuando se trata de montos muy pequeños, cuando hay presión de tiempo y no se puede hacer de otra forma, por motivos de seguridad nacional, o cuando otros modelos de compra no sean factibles.

Para grandes proyectos (y la mayoría de las inversiones en TI califican en este sentido), el proceso de compra generalmente es una licitación pública y consta de tres fases:

1. Reconocimiento de la necesidad

2. Formalización del contrato

3. Administración del contrato

Hay dos características que se destacan en la mayoría de los procesos de compras gubernamentales. Primero, el gobierno generalmente debe comprar al mejor postor; y segundo, si un postor no cumple con todos los requisitos que marca la ley, podría ser descalificado o perder el contrato. Para los empleados públicos, el no seguir los procedimientos al pie de la letra, podría retrasar el proyecto e incluso dañar sus carreras.

La figura 6.1 ilustra las fases del proceso de adquisiciones por licitación pública, y los eventos que ocurren en cada una.

Comprar al mejor postor y obtener un producto de calidad (sin violar la ley) requiere experiencia en la definición del RFP. Es posible definir un documento que describa los requisitos mínimos aceptables para un producto o servicio de tal manera que el mejor postor aún pueda ofrecer una solución excelente.

Durante la primera fase: reconocimiento de la necesidad, se definen los proyectos a adquirir y se preparan las bases de la licitación (RFP). Es en esta fase donde se deben analizar las alternativas existentes en el mercado y tecnologías emergentes para diseñar una buena solución y se requiere experiencia preparando bases precisas que atraigan proveedores con soluciones de calidad a precios razonables.

La segunda fase: formalización del contrato, es generalmente un proceso muy rígido manejado por áreas jurídicas o especializadas del gobierno. Una licitación pública es una ceremonia muy interesante, donde los proveedores entregan, en sobre cerrado, sus cotizaciones, que son abiertas públicamente y analizadas por cumplimiento de lo solicitado.

Una vez elegido un ganador, se procede a formalizar y ejecutar el contrato. Durante la ejecución del contrato se desarrolla el proyecto. Es importante tener cuidado con el control de cambios y notar que es posible buscar extensiones al contrato sin necesidad de licitaciones adicionales.

Asegurar el cumplimiento de la ley requiere experiencia, disciplina y buenos consejos. En algunos casos, los errores honestos se pueden confundir con instancias de corrupción. Por lo tanto, es fundamental seguir las reglas al pie de la letra y verificar con expertos en el campo en caso de no tener experiencia con las formalidades de comprar o vender aplicaciones de transformación digital gubernamental. El hecho es que el gobierno es una máquina muy compleja, y hay que aprender a trabajar siguiendo sus reglas.

Figura 6.1: Pasos de un proceso de adquisiciones por licitación pública

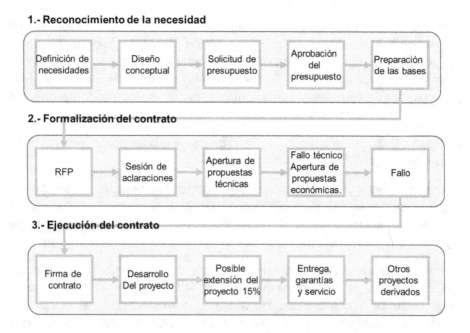

6.4.-Monitoreo tecnológico

Analizar áreas de oportunidad es una de las responsabilidades del área de tecnologías de Información. Generalmente esta función está definida en el reglamento interno de la dependencia y puede versar así:

> "Analizar las tecnologías de la información y comunicaciones existentes en el mercado y sus tendencias, con el propósito de generar alternativas para su posible adopción en la Secretaría" [Presidencia de la República, 2016].

Es importante asegurar un presupuesto para la operación de esta función, y planear mantenerse en contacto con otras dependencias, otros expertos y empresas, mediante la investigación, asistencia a cursos de capacitación, conferencias, y la interacción con proveedores.

La complicación, como se menciona arriba, es la limitante de presupuesto, pues generalmente las funciones de operación y mantenimiento de sistemas actuales llevan precedencia para el ejercicio del presupuesto, y las oportunidades descubiertas deben ser comunicadas a las áreas usuarias que son quienes, en última instancia, deberán solicitar y abogar por el proyecto.

6.5.- Conclusiones

Todos los proyectos requieren de recursos. Esto se logra cuando un proyecto recibe un presupuesto. El ciclo de presupuestación: negociar – obtener – ejercer, es un proceso muy regulado que requiere conocer a fondo la forma en la que opera el gobierno, tanto formal como informalmente. Es importante conocer los procesos, pero también es crítico para el éxito de un proyecto, el conocer a las personas correctas, con la experiencia en proyectos de gobierno, que puede guiar y ayudar a sortear los diferentes requisitos de cada fase.

Capítulo 7

El papel de los socios tecnológicos en la operación de la informática gubernamental

La magia moderna, como la antigua, está llena de arrogancia, "Yo puedo escribir programas que controlan el tráfico aéreo, interceptan misiles balísticos, reconcilian cuentas bancarias, controlan líneas de producción". A lo que la respuesta llega, "también yo, y cualquier persona puede hacerlo, pero, ¿funcionan cuando los escribes?"

Frederik P. Brooks, "The Mythical Man Month", 1972 (parafraseando a Shakespeare en "Enrique IV" 1599)

El mercado de aplicaciones informáticas y tecnología de información en el Gobierno puede ser un mercado muy atractivo para muchas organizaciones especializadas en el desarrollo y distribución de soluciones informáticas.

Como se discutió arriba, el proceso de adquisiciones no inicia cuando se publica un RFP o se llama a una licitación. El proceso comienza cuando se define la aplicación que se va a adquirir. Las tres fases del proceso de adquisiciones son:

1. Reconocimiento de la necesidad

2. Formalización del contrato

3. Administración del contrato

Si un proveedor se entera de un proyecto cuando se publica una licitación (en la fase de formalización del contrato) es muy probable que las especificaciones de la licitación sean para una tecnología diferente o donde no se tiene una ventaja competitiva.

Es por lo tanto muy importante buscar involucrarse desde la etapa de reconocimiento de la necesidad, para buscar que la solución que el Gobierno planea adquirir se ajuste al producto que la empresa está mejor preparada para suministrar. Adicionalmente, esto se debe lograr sin violar ninguna ley ni incurrir en actos de corrupción.

7.1 Identificación de oportunidades y monitoreo tecnológico

En la mayoría de los casos, el reconocimiento de la necesidad comienza con el monitoreo tecnológico. Como se menciona arriba, esta es un área de oficinas de gobierno que generalmente está corta en recursos y presupuesto. Aquí es donde las visitas del proveedor y la documentación disponible, pueden ayudar a la dependencia a identificar oportunidades que eventualmente se puedan convertir en proyectos.

Es posible apoyar en la identificación de oportunidades con alguna de las siguientes actividades:

- Publicación de folletos informativos describiendo la tecnología
- Publicación de casos de estudio
- Organización de grupos de discusión
- Organización de conferencias
- Visitas a las áreas de Tecnología de las dependencias
- Relación con las áreas usuarias
- Publicación de benchmarks de la industria

7.2 Apoyo en la definición de proyectos

La generación de las bases de una licitación (Request for Proposal, o RFP por sus siglas en inglés) es un proceso largo y delicado, pues un error puede provocar que se adquiera la solución equivocada o incluso que se viole alguna ley.

La preparación de RFP's es un proceso que puede requerir de asesores. La consultoría en la preparación de bases de licitación puede ser un área de oportunidad de negocio para empresas de tecnología. Sin embargo, en algunos casos, cuando la dependencia no cuenta con presupuestos para pagar por consultores para la preparación de bases, puede ser de interés del proveedor el proporcionar toda la información y asesoría que requiera la dependencia de gobierno para preparar el documento, con miras a que el producto final se ajuste mejor a las soluciones donde la empresa tiene ventajas competitivas en precio o calidad sobre los competidores.

7.3 Roles de socios tecnológicos

Una empresa proveedora de servicios tecnológicos (ya sea hardware, software, aplicaciones, consultoría, o soluciones) puede jugar diferentes roles en los proyectos informáticos del Gobierno. Algunas veces los trabajos se pueden desarrollar en un esquema de asesoría y ser remunerados, en otras ocasiones el trabajo se debe hacer sin compensación, buscando ya sea un beneficio a la comunidad (donar el trabajo) o un beneficio a largo plazo al vender una solución más adelante.

Los principales roles que puede ocupar un socio tecnológico son:

1. Como asesor
2. Como supervisor técnico de un proyecto
3. Como integrador de una solución
4. Como desarrollador o constructor de un proyecto o módulo

El detalle de cada rol se describe a continuación

Como asesor (pagado o sin paga)

Una empresa puede convertirse en asesor de una oficina de Gobierno y brindar recomendaciones, buscar información, diseñar soluciones o incluso capacitación a usuarios finales. Si el servicio es remunerado (puede ser a precio fijo o a tiempo y materiales), la empresa consultora no podrá involucrarse en la implementación de los proyectos que está asesorando ni cobrar "finder's fee" a los proveedores ganadores de dichos contratos. Si el servicio es *pro bono*, la empresa puede involucrarse en la implementación, compitiendo con otros proveedores en el proceso de adquisición, y se esperaría que tuviera una ventaja por conocer mejor el proyecto y porque este se ajustaría mejor a las soluciones que normalmente comercializa.

Como supervisor técnico de un proyecto (con paga)

El trabajo de supervisión técnica consiste en apoyar a la dependencia en las etapas de reconocimiento, formalización y administración de un contrato. En esta función, la empresa representa los intereses de la dependencia de gobierno, normalmente sería una actividad remunerada (ya sea a precio fijo o a tiempo y materiales), y el supervisor técnico tendría prohibido participar en la ejecución del proyecto para evitar un posible conflicto de intereses.

Como integrador de una solución (con paga)

El rol de integrador de soluciones es una función bien definida en la práctica de desarrollo de sistemas de información. La complejidad de las tecnologías y la variedad de especialistas requeridos, hacen que la función de un integrador pueda resultar muy valiosa para una organización que no cuente con los recursos humanos especializados con suficiente experiencia para garantizar el éxito del proyecto. En algunos casos, el integrador subcontrata los servicios del resto de los proveedores, en otras, su función es simplemente coordinar diferentes empresas. De cualquier forma, el trabajo de un integrador es remunerado (ya sea directamente por el gobierno o por otros proveedores, y generalmente a precio fijo) pues asume los riesgos de fallas y problemas de implementación e integración de soluciones.

Como desarrollador o constructor de un proyecto o módulo

Otro papel bien reconocido en la industria es el de desarrollador o constructor de un proyecto. Esta función es igual a la de integrador de soluciones desde el punto de vista que se cobra por entregar una solución completa. Generalmente, los contratos de Gobierno son a precio fijo definidos desde el inicio del proyecto.

7.4.- Conclusiones

Entender el papel que pueden jugar los socios tecnológicos es crucial para los servidores públicos pues permite aprovechar recursos externos para buscar mejores soluciones para el gobierno y al mismo tiempo evita que se violen las leyes o se caiga en conflicto de intereses.

Para un proveedor, es importante reconocer el tipo de involucramiento que puede tener con el gobierno y planear sus procesos de preventa y venta de productos y servicios.

Parte III

El valor de la tecnología

Capítulo 8

Medición de resultados

"No todo lo que puede ser contado cuenta, y no todo lo que cuenta puede ser contado"

William Bruce Cameron, "Informal Sociology", 1963

Aunque se ha aprendido mucho del uso de tecnología en empresas privadas, las reglas no son las mismas cuando se usa la tecnología en el gobierno porque:

- Los proyectos no necesariamente se justifican en términos de ingresos,
- El indicador de éxito de los proyectos de transformación digital del gobierno varía dependiendo del tipo de proyecto de que se trate, y
- La ecuación para definir en qué consiste una buena iniciativa cambia, dependiendo del tiempo que lleve transcurrida una administración.

Para complicar las cosas, ninguna otra aplicación de la tecnología recibe tanto escrutinio de los medios, de oponentes políticos y de ciudadanos comunes, de tal forma que los errores son magnificados, mientras que los aciertos se minimizan. En seguida se discute cada uno de los tres factores enumerados arriba.

8.1. El indicador de éxito de los proyectos de transformación digital del gobierno no es necesariamente el valor económico

Los indicadores usados por las Naciones Unidas y la Unión Europea para medir el éxito en aplicaciones de gobierno electrónico se enfocan más en la disponibilidad de servicios y en el uso de estos por el público en general, que en el valor económico de los proyectos para el gobierno [ONU, 2009] [European Commission, 2001].

El caso de las actas de nacimiento para inscribir a niños en el primer grado de educación primaria, presentado arriba, ayuda a ilustrar cómo, en contraste con la iniciativa privada, los beneficios de las aplicaciones de transformación digital del gobierno se miden por mucho más que el simple ahorro en recursos.

Para inscribir a un niño en el primer grado de educación primaria, era costumbre requerir que el padre presentara un acta de nacimiento original. Esto requería que cerca de 90,000 personas acudieran a las oficinas del Registro Civil a solicitar un acta de nacimiento entre los meses de enero y febrero da cada año. Al hacer una reingeniería del proceso, se logró enviar a cada escuela la información requerida y ya no fue necesario que las personas solicitaran actas de nacimiento para inscribir a sus hijos, eliminando ese requisito de la lista de pendientes para la inscripción. Un éxito en términos de simplificación administrativa.

El problema es que ese año el estado no cobró por la emisión de 90,000 actas de nacimiento que se hubieran requerido para ese proceso. Sin embargo, el beneficio social de ahorrarle tanto tiempo a tantas personas se consideró más valioso que el costo administrativo.

En cualquier otra industria, esto podría ser un resultado dudoso. En términos de transformación digital del gobierno, el proyecto fue un éxito [Alanis, Kendall, & Kendall, 2009].

En ciertos proyectos de Gobierno, el valor social y en imagen de un proyecto puede tener igual o más peso que el valor económico.

8.2. El indicador de éxito de los proyectos de transformación digital del gobierno varía dependiendo del tipo de proyecto de que se trate

Considerando la visibilidad y valor hacia la ciudadanía, el Registro Civil es una oficina muy importante para las iniciativas de modernización administrativa porque todos los ciudadanos, en un momento u otro, tendrán que interactuar con esa oficina. Cuando la gente piensa en los servicios públicos, lo primero que viene a la mente es el pago del impuesto predial o el obtener una licencia de conducir. Otros pueden pensar en una estación de policía, una escuela o incluso el escritorio de información en una oficina de Gobierno.

Mientras que algunos organismos gubernamentales ofrecen servicios a la comunidad (a las personas, así como a las empresas) que se conocen como Gobierno-a-Ciudadano (G2C), existen también otro tipo de transacciones en las oficinas de gobierno interactúan con otras oficinas de gobierno conocidas como Gobierno-a-Gobierno (G2G), con sus proveedores o contratistas (Gobierno-a-Negocio G2B), e incluso con sus mismos empleados (Gobierno-a-Empleado G2E) [Alanís, 2010]. El éxito de los distintos proyectos del gobierno se mide en términos variados dependiendo de sus objetivos, su posición en la cadena de valor y en las partes interesadas.

Los sistemas Gobierno-a-Ciudadano (G2C) Generalmente se ocupan de la prestación de servicios. El objetivo de estos sistemas es hacer que sea más sencillo para un ciudadano o una empresa interactuar con el gobierno (por ejemplo, con la simplificación del proceso de pago de los impuestos) o para recibir servicios (por ejemplo, la simplificación del proceso que se requiere para obtener un permiso de construcción). Para estos sistemas, ahorro de costos no es necesariamente el mejor indicador de éxito. Valor social, ahorro de tiempo, y la percepción del público son valiosos beneficios que son compatibles con la misión del sector.

Los sistemas diseñados para intercambiar información o simplificar las transacciones entre diferentes oficinas gubernamentales se llaman sistemas de gobierno-a-gobierno (G2G). El éxito aquí se mide en términos de la oportunidad de la información manejada y la reducción en los costos de transacción.

Los sistemas Gobierno-a-negocio (G2B) se enfocan en hacer más eficiente el funcionamiento de las oficinas del gobierno y la interacción con sus proveedores. Estos sistemas (compras, gestión de contratos, pagos, licitaciones públicas, etc.) son necesarios para el buen funcionamiento de las dependencias del gobierno. En estos casos, el ahorro de costos y la continuidad de las operaciones son buenos indicadores de éxito (en esta categoría, sí se comparten objetivos con sistemas similares de la iniciativa privada).

Por último, los sistemas de gobierno-a-empleados (G2E) (administración de prestaciones laborales, capacitación, etc.) hacen más sencillo para los empleados públicos la interacción con el gobierno al que sirven. Es más valioso que un empleado se dedique a atender al público en lugar de llenar formatos o usar su tiempo para cumplir requisitos internos. Los sistemas G2E tienen éxito en la medida en que permiten eficiencias internas y que permitan a los servidores públicos concentrarse en sus funciones reales.

8.3. El indicador de éxito de los proyectos de transformación digital del gobierno cambia conforme avanza una administración

Una complicación adicional en la planeación de sistemas de transformación digital del gobierno es el hecho que las prioridades cambian en función del tiempo que le quede a una administración (la distancia al próximo cambio de poderes).

Al inicio de una administración, una dependencia es más propensa a considerar proyectos a largo plazo, proyectos de equipamiento, o proyectos internos dirigidos a lograr una mayor eficiencia, ahorro costos, o para resolver problemas complejos (proyectos que miran hacia adentro).

A medida que se acerca el final del mandato, el interés se enfoca en el corto plazo y en proyectos que miran hacia afuera. Los proyectos son más cortos y se vuelve importante dar cierre a los proyectos en proceso y dar una imagen de éxito y logro para la comunidad.

8.4.- Indicadores internacionales

Aunque el cumplir con indicadores internacionales, u obtener reconocimientos, no debe ser una meta principal de los proyectos de transformación digital, estos indicadores pueden ser una buena señal que se están haciendo las cosas bien, o al menos tan bien como los mejores en el mundo.

Por ejemplo, en el caso de México, los avances en materia de Datos Abiertos han hecho que México destaque en indicadores internacionales. El país es el 1er. lugar de América Latina y 11o. general del Barómetro de Datos Abiertos 2017 de la World Wide Web Foundation, subiendo cinco lugares desde 2015. Quinto lugar en el Índice Nuestros Datos 2017 de la OCDE y 2o. en uso e impacto de este mismo indicador. Además, México es 1er. lugar de América Central y 16o. a nivel global del Inventario de Datos Abiertos del Open Data Watch. Así como 2o. lugar de América Latina en el índice de Datos Abiertos del Open Knowledge International.

En marzo de 2017 se presentaron los resultados de la Encuesta Nacional sobre Disponibilidad y Uso de Tecnologías de la Información en los Hogares 2016. Entre los principales resultados se aprecia que los usuarios de Internet en México superaban los 65 millones, casi 60% de la población total.

La Encuesta señala que los usuarios que utilizan Internet para interactuar con el gobierno representaban ya 22.2% de los internautas, lo que significaba un aumento de 18 veces desde 2012.

Los resultados son muy alentadores y ayudan a asegurar a los tomadores de decisiones que se está haciendo el mejor uso posible de los recursos recibidos. También resultan útiles en la negociación de recursos adicionales, pues garantizan su aprovechamiento al máximo y quizá uno que otro encabezado positivo en la prensa (que también es considerado valioso en el servicio público).

8.5.- Conclusiones

Alguna vez escuché que, si uno quiere bajar de peso, lo primero que debe hacer es comprar una báscula. ¿Cómo se podría evaluar la efectividad de una dieta sin un medio de medición? Otra de las grandes frases en el tema (aunque se debate si se le puede atribuir a Peter Drucker, o no) es que, "si algo no se puede medir, no se puede mejorar". La medición de resultados es importante porque nos ayuda a evaluar si nuestras soluciones son adecuadas, ubicar el punto al que hemos llegado, y generar los planes de mejora en el futuro.

Capítulo 9

El futuro de las tecnologías de información y su impacto en el Gobierno

"¿Cómo te pueden echar de la empresa que tú has creado?

Bueno, mientras Apple crecía contratamos a alguien que yo creía muy capacitado para llevar la compañía junto a mí, y durante el primer año, más o menos, las cosas fueron bien. Pero luego nuestra visión del futuro comenzó a ser distinta y finalmente nos apartamos completamente. Cuando eso pasó, nuestra Junta Directiva se puso de su parte.

Así que a los 30 estaba fuera. Y de forma muy notoria."

Steve Jobs, discurso de la ceremonia de graduación, Stanford University, 12 de junio 2005.

Los inicios del siglo XX fueron una época muy interesante. Se hicieron populares los automóviles, los teléfonos, la radio y los aeroplanos. El Mundo no podía seguir siendo igual. La producción en masa y la administración científica trajeron avances al proceso de fabricación de bienes y los hicieron más baratos y disponibles para más gente. Claro que no todo fue maravilloso. Para mediados de ese siglo el mundo había pasado por dos guerras mundiales, pero también existían las Naciones Unidas, las películas a color, la televisión en vivo, los satélites y los cables transoceánicos.

Para finales del siglo XX, la computadora era una herramienta de uso común, aparecieron los teléfonos celulares, la música en formato MP3, y el Internet. El mundo en el año 2000 era tan diferente al de 1950 como este lo fue al del año 1900. Las primeras décadas del siglo XXI fueron igual de vertiginosas. Hoy, pensar en 1999 es como hacer un viaje al pasado remoto.

Pronosticar cómo serán las empresas y el efecto de las tecnologías en el gobierno a mediados y finales del siglo XXI parece un trabajo para lectores de tarot o adivinadores con bolas de cristal, sin embargo, basta con ver lo que ha ocurrido en el pasado para identificar ciertas tendencias que se pueden extrapolar con bastante seguridad. Pronosticar el futuro requiere analizar lo que ha cambiado y lo que ha permanecido constante. Es seguro que lo que ha cambiado seguirá haciéndolo y que las constantes se mantendrán.

9.1.- El mundo de hoy visto desde el pasado

En 1958, dos autores, Harold Leavitt y Thomas Whisler, publicaron un artículo en la prestigiosa revista Harvard Business Review que se titulaba "La administración de los 1980's" [Leavitt & Whisler, 1958]. En un mundo donde las empresas crecían cada vez más complejas, se descentralizaban y contrataban a más gerentes medios, ellos pronosticaron que una nueva tendencia, que llamaron tecnologías de información, permitiría a los altos administradores involucrarse más en la operación de sus empresas, la recentralización de las actividades y una reducción de los mandos medios. La tecnología de información prometía permitir que menos gente hiciera más trabajo, y entre menor fuera el costo más empresas estarían dispuestas a probarlas.

En una entrevista, treinta años más tarde, Leavitt indica que no pudieron pronosticar el efecto de la miniaturización en las computadoras de escritorio, haciendo la descentralización del poder de cómputo algo factible. Lo importante es que ellos se concentraron en la computadora como una herramienta que podía influir en el comportamiento y aprendizaje de las personas, no en una máquina para simplemente automatizar procesos.

Lynda Applegate, James Cash y Quinn Mills publicaron en la misma revista, pero en 1988 un artículo analizando los resultados de las predicciones anteriores y mirando hacia el futuro [Applegate, Cash & Mills, 1988]. Al concentrarse más en el efecto de las tecnologías, pronosticaron que muchas de las herramientas tecnológicas que darían forma a las empresas ya existía. Hablaron de sistemas basados en conocimiento, computadoras más rápidas, mejores líneas de comunicación, el reemplazo del teléfono por computadoras, y la transformación de voz en texto de forma sencilla. Ellos analizaron el efecto de estos pronósticos en la estructura de las organizaciones (haciéndolas más flexibles y concentrándose en proyectos), los procesos administrativos (almacenando el conocimiento de la empresa) y los recursos humanos (tornándose más autónomos).

9.2.- Lo que podemos aprender de las predicciones pasadas

Muchas de las predicciones hechas en los artículos de 1958 y 1988 han resultado correctas. Lo primero que queda claro de los pronósticos anteriores es que el futuro medianamente cercano se puede predecir si se hace con cuidado y responsabilidad. Lo segundo es que las tecnologías que marcarán una pauta en los próximos 15 a 30 años ya existen y se puede ver sus efectos desde ahora. Lo tercero es que las personas no cambiarán mucho. Podemos conceder que la persona del futuro pueda vivir más o sea más saludable (los avances en biotecnología son impresionantes), pero la capacidad de razonamiento, la respuesta ante innovaciones y las reacciones humanas ante cambios políticos y sociales no cambiarán o lo harán muy lentamente.

9.3.- El mundo de mañana visto desde hoy

El enfoque de la tecnología

No se requiere mucha visión para saber que la tecnología será más barata, más poderosa y más flexible. La información se podrá almacenar en muy grandes cantidades y se podrá localizar usando poderosos motores de búsqueda, por lo que incluso el modelo de almacenamiento no será tan crítico. Y tampoco es difícil ver que Internet, o la tecnología que lo substituya, tendrá un efecto en la civilización quizá tan importante como lo tuvo el automóvil en la forma de las ciudades del siglo XX. ¿puede Internet cambiar la forma de gobierno?

Enfoque de los productos

Antes de la revolución industrial, los productos se fabricaban a la medida, uno a uno, en un proceso muy caro. La revolución industrial y la producción en masa trajeron productos hechos en masa. Era un proceso barato, pero el cliente se debía ajustar a lo disponible. La revolución tecnológica nos permite fabricar productos a la medida de cada cliente, pero en forma masiva, en un proceso barato que se conoce como "mass customization". Haciendo los bienes de buena calidad y a la medida del cliente disponibles a mayor número de personas. Imagínese si los servicios de gobierno pudieran ser personalizados, brindando atención especial a cada ciudadano.

El enfoque de las soluciones de negocios

A principios del siglo XX, la administración científica nos trajo mejoras en el control sobre el trabajo y apoyo a los niveles operativos de la empresa. Para mediados a finales del siglo XX, la tecnología de información proporcionó mejor control sobre la información, apoyando a la administración media. A finales del siglo XX, la administración del conocimiento traía mejoras sobre las decisiones, apoyando a la alta dirección. Las primeras décadas del siglo XXI han llevado el poder a la gente. Las redes sociales, crowdsourcing, criptomonedas, y mass customization han creado sociedades con opinión propia y un poder de coordinación y autonomía sin precedentes.

Las empresas grandes podrán ser más grandes, sin perder el control, mientras que las empresas pequeñas, mediante redes formales e informales, podrán atacar casi cualquier mercado y tamaño de proyecto creando asociaciones con especialistas de otras empresas pequeñas en diferentes partes del mundo conforme sea necesario para los proyectos. ¿Se aprecia el potencial para internacionalizar los gobiernos locales?

Enfoque de la mercadotecnia

Antes de la maduración de la mercadotecnia, la gente se enteraba de los productos en un proceso de comunicación de boca en boca, diseñado a la medida de cada cliente, pero con un alcance muy pequeño. Con la aparición de los medios masivos de comunicación, la publicidad se comenzó a diseñar en masa, con un alto alcance, pero mismo contenido para todos. Los avances en la tecnología de personalización de Internet, servicios de videos y música bajo demanda, y las redes sociales permitirán que la publicidad sea diseñada a la medida de cada usuario, proporcionando alto alcance y un bajo costo. Ya se han notado los efectos de estos cambios en las campañas políticas.

El enfoque del gobierno

Al igual que las empresas, el gobierno tendrá productos y servicios a la medida. El gobierno podrá aprovechar las nuevas oportunidades que brinda la tecnología para ofrecer servicios a cualquier hora, en cualquier lugar y en cualquier formato, logrando cumplir su misión de servir mejor a la gente. La democracia electrónica permitirá mayor participación ciudadana. El acceso a la información permitirá una mejor rendición de cuentas y mejor asignación de la responsabilidad a los gobernantes; logrando, con esto, un mejor uso de recursos.

9.4.- Los riesgos de esta visión

Como en cualquier historia, la visión del futuro no viene sin peligros inminentes. El primero es el riesgo de seguridad. Con entidades dependiendo cada vez más de la información y la tecnología, la protección de los datos tomará un papel primordial en las funciones de su personal. Así como ahora se protegen los bienes tangibles, se deberá proteger el conocimiento de la organización y el acceso a sus equipos, sistemas y datos.

El segundo riesgo es la vulnerabilidad a fallas críticas, donde una falla puede destruir una organización (algo como el síndrome del Parque Jurásico, la película de ciencia ficción donde un ataque a una computadora dejó libres a los dinosaurios del parque poniendo en peligro a sus visitantes). Esto llevará a requerir la planeación de sistemas redundantes y planes de contingencia cada vez más elaborados, pudiendo un gobierno contar con respaldos completos de sus sistemas y servicios en otras ciudades o incluso otros continentes.

El tercer tipo de riesgo es el de perder la privacidad. La alta disponibilidad de información hará muy tentadora la idea de crear un "big brother", supervisando cada paso de las personas. Es de esperarse un movimiento social para proteger los derechos de privacidad y confidencialidad que se necesitan para operar una sociedad libre, que a la larga ha demostrado ser mucho más rentable que una sociedad oprimida.

9.5.- Conclusiones

Al buscar cómo las cosas son diferentes, hemos visto que en realidad siguen siendo iguales. La tecnología podrá cambiar, los problemas podrán ser diferentes, pero las personas, sus necesidades y satisfacciones siguen siendo las mismas. La escala de necesidades humana de comida, techo y luego socialización se seguirá aplicando a las personas. La visión es en general optimista. Habrá mejores productos, mejor información y mejor calidad de vida. Los riesgos son importantes, pero superables. Pronosticar cómo será el mundo del mañana requiere entender el mundo de hoy y los pasos que hemos seguido para llegar a donde estamos. Es nuestra responsabilidad asegurarnos que el mundo tome la forma que deseamos mediante trabajo y un constante análisis de los cambios que ocurren y sus efectos en la sociedad.

Capítulo 10

Conclusiones: El diferente impacto de la transformación digital del gobierno en los ciudadanos, proveedores de tecnología, empleados de gobierno, y oficiales electos

"No estamos tratando de escapar del futuro, vemos los cambios que se están convirtiendo en nuevos retos para Europa. No queremos rehuir la creación de este nuevo mundo, queremos participar, y ser ganadores en este emocionante desafío que da forma a la historia. No solo podemos planificar el futuro, también podemos ser parte de él".

H.E. Viktor Orbán, Primer Ministro de Hungría, Discurso Inaugural ITU World, septiembre 9, 2019

Las soluciones de transformación digital del gobierno pueden utilizar la misma tecnología que aplicaciones similares en el sector privado, pero tienen diferentes reglas y un impacto mucho más profundo en la sociedad. Independientemente del papel que le toque a usted jugar, cuánto se beneficie de este sector dependerá de qué tan bien entienda cómo funciona la informática en instituciones de gobierno.

Hay diferentes actores relacionados con las aplicaciones de tecnología de información en el gobierno:

- *Los empleados del gobierno* que planean y operan las soluciones
- *Las empresas de tecnología* que desarrollan y venden las aplicaciones
- *El público en general*, que debería convertirse en el beneficiario final de estos proyectos
- *Los gobernantes electos* responsables de dirigir los esfuerzos y asignar recursos

La presente sección se organiza alrededor de estos intereses.

10.1. Conclusiones para servidores públicos

Para el especialista de tecnologías de la información que quiera hacer una carrera en el gobierno, está claro que el conocimiento de la tecnología no es suficiente para hacer un buen trabajo. Un especialista en este campo debe estar familiarizado con el área de trabajo de la dependencia a la que sirve (educación, procuración de justicia, servicios públicos, etc.) y también debe entender cómo funciona el gobierno.

Si usted es - o desea ser - un especialista en tecnologías de la información en gobierno, debe ser capaz de identificar los diferentes objetivos de los proyectos de transformación digital del gobierno en función de su ubicación en la cadena de valor y de sus grupos de interés. También deberá poder alinear los proyectos tecnológicos a las prioridades cambiantes de la administración. Recuerde que la fórmula para determinar el éxito de un proyecto cambia, no sólo con el tipo de proyecto, sino también con el tiempo. A medida que se acerca el final de una administración, los alcances de los proyectos se acortan y hacen más externos.

Entender el proceso de adquisiciones es fundamental. Los presupuestos se asignan alrededor de un año antes de que el dinero se pueda utilizar (a veces incluso antes), por lo que las negociaciones para un proyecto empiezan mucho antes de la fecha prevista para el inicio del mismo. No hay tiempo que perder. En una administración de tres años, los proyectos deben comenzar cerca del primer día de la administración o corren el riesgo de enredarse en la burocracia y no estar listos a tiempo para ser relevantes para los objetivos cambiantes de la organización.

Por último, y lo más importante, obedezca la ley. Recuerde que incluso si su trabajo es de carácter más técnico, usted sigue siendo un empleado público y es responsable de sus acciones y palabras.

10.2. Conclusiones para las empresas de tecnología que desarrollan y venden las soluciones de transformación digital del gobierno

Las empresas de tecnología quizá puedan encontrar en las soluciones de gobierno un segmento de mercado muy importante. El tamaño y la visibilidad de algunos proyectos de gobierno electrónico representan interesantes retos para las empresas de todos los tamaños. Sin embargo, los proveedores deben dominar las prácticas que hacen las ventas al gobierno diferente a vender en el sector privado.

Las empresas de tecnología deben reconocer las necesidades cambiantes de las aplicaciones de gobierno y el plazo necesario para que la idea de un proyecto madure y se convierta en una solicitud de propuesta y finalmente en un proyecto real. Los esfuerzos de preventa deben centrarse en los organismos que tienen (o tendrán) necesidades que se ajustan a las características de los productos que la empresa ofrece. No valdría la pena, por ejemplo, tratar de vender una aplicación que toma mucho tiempo en desarrollarse a una administración que está por concluir su período.

10.3. Conclusiones para el público en general

El beneficiario final de cualquier proyecto de transformación digital del gobierno debe siempre ser el público en general. Una solución de gobierno electrónico usada adecuadamente puede cambiar su vida, su negocio, o los mercados, y no sólo su interacción con una dependencia del gobierno. Es su derecho exigir servicios de calidad con un uso razonable de recursos. Hable con los funcionarios públicos, oficiales electos y los encargados de las oficinas. Busque a los tomadores de decisiones. La mayoría de las veces, son personas normales que tratan de hacer un trabajo muy demandante y generalmente aprecian las críticas constructivas.

Compare los servicios que recibe del gobierno con los que recibe de empresas de servicios en el sector privado. Tratar con el gobierno debe ser tan fácil como - o incluso más fácil que – tratar con su banco, una tienda de conveniencia o ir al supermercado. Una oficina de gobierno debe ser un ejemplo a seguir para las otras industrias.

10.4. Conclusiones para los gobernantes electos

Las soluciones de transformación digital del gobierno van mucho más allá que simplemente hacer más eficiente el trabajo de las oficinas gubernamentales. No es un trabajo sencillo. Representan problemas complejos donde la tecnología se comporta en forma distinta a como lo hace en otras industrias de la iniciativa privada.

Las decisiones de transformación digital del gobierno son determinantes para el éxito de una administración. Es importante conocer el medio o asesorarse con especialistas versados en el uso de las tecnologías en instituciones públicas. Dejar las decisiones de gobierno electrónico en manos de los fabricantes de tecnología, de especialistas que no estén específicamente preparados en el sector, o del destino, es una irresponsabilidad y representaría dejar pasar quizá la única oportunidad viable en nuestra generación para mejorar sustancialmente al gobierno y a la sociedad.

Las soluciones de transformación digital del gobierno pueden utilizar la misma tecnología que soluciones similares en el sector privado, pero tienen diferentes reglas y un impacto mucho más profundo en la sociedad. Independientemente de su papel, cuánto se beneficie de este sector dependerá de qué tan bien entienda cómo funciona.

Capítulo 11
Notas y Referencias

[Alanis, 2010] Alanis, M. "E-Government: Same Technology, Different Rules, Higher Stakes", Cutter IT Journal, 23(11), 6-10, November 2010.

[Alanis, Kendall, & Kendall, 2009] Alanis, Macedonio; Kendall, Julie E.; Kendall, Kenneth E., "Reframing as Positive Design: An Exemplar from the Office of Civil Registry in Mexico" AMCIS 2009 Proceedings. Paper 268. San Francisco, CA: Association for Information Systems

[Alanís, et al., 1994] Alanís, M., et al. "Elementos para un programa estratégico de informática" INEGI, 1994

[Andersen, et.al., 2010] Andersen, Kim N.; Henriksen, Helle Z.; Medaglia, Rony; Danziger, James N.; Sannarnes, Møyfrid K.; Enemærke, Mette, "Fads and Facts of E-Government: A Review of Impacts of E-government (2003-2009)" International Journal of Public Administration, September 2010, Vol. 33 Issue 11, p564-579.

[Applegate, Cash, & Mills, 1988] Applegate, L. M., J. I. Cash, and Q. D. Mills. "Information Technology and Tomorrow's Manager." Harvard Business Review, Vol. 66, No. 6, 1988.

[Bhatnagar, 2010] Bhatnagar, S. C. (2010). Assessing the Impact of E-Government: A Study of Projects in India. Information Technologies & International Development, 6(2), 109-127.

[Bloomberg, 2006] Bloomberg, M. R. (2006, octubre 18). "Mayor Bloomberg launches Access NYC – a new web service to streamline the application to benefit programs". Consultado mayo 2012, en nyc.gov: http://www.nyc.gov/portal/site/nycgov

[Bloomberg, 2008-1] Bloomberg, M. R. (2008, febrero 17). "Mayor Bloomberg discusses citywide performance reporting in weekly radio address". Consultado mayo 2012, en nyc.gov: http://www.nyc.gov/portal/site/nycgov

[Bloomberg, 2008-2] Bloomberg, M. R. (2008, agosto 4). "Mayor Bloomberg and Commissioner Frieden launch online dog licensing that will cut time to get or renew dog licenses in half". Consultado mayo 2012, de nyc.gov: http://www.nyc.gov/portal/site/nycgov

[Brooks, 1972] Brooks,F.P. "The Mythical Man Month: Essays on Software Engineering", Addison-Wesley Publishing Company, 1972

[Cámara de Diputados del H. Congreso de la Unión, 2014] Cámara de Diputados del H. Congreso de la Unión, "Ley de Adquisiciones, Arrendamientos y Servicios del Sector Público". Nueva ley publicada en el Diario Oficial de la Federación el 4 de enero de 2000, última reforma publicada DOF 10-11-2014

[Cámara de Diputados del H. Congreso de la Unión, 2015] Cámara de Diputados del H. Congreso de la Unión, "Ley Orgánica de la Administración Pública Federal" publicada en el Diario Oficial de la Federación el 29 de diciembre de 1976, Últimas reformas publicadas DOF 30-12-2015

[Cámara de Diputados del H. Congreso de la Unión, 2019] Cámara de Diputados del H. Congreso de la Unión, "Constitución Política de los Estados Unidos Mexicanos" Última reforma publicada DOF 09-08-2019.

[Cámara de Diputados del H. Congreso de la Unión, 2019] Cámara de Diputados del H. Congreso de la Unión, "Ley Orgánica de la Administración Pública Federal" publicada en el Diario Oficial de la Federación el 29 de diciembre de 1976, Última reforma publicada DOF 19-08-2019

[Cameron, 1963] Cameron, William Bruce, "Informal Sociology, a casual introduction to sociological thinking" Random House, New York. 1963.

[Cervantes 1615] Cervantes Saavedra, Miguel de "Segunda Parte del Ingenioso Caballero Don Quijote de la Mancha", 1615, Edición del IV centenario, Real Academia Española, Asociación de Academias de la Lengua Española, 2004.

[Churchill, 1941] Churchill, Winston S. "A Roving Commission: My Early Life" Charles Scribner's Sons, New York, 1941.

[CIO.Gov, 2018] cio.gov, "Report to the President on Federal IT Modernization", consultado en mayo del 2018, https://itmodernization.cio.gov/assets/report/Report%20to%20 the%20President%20on%20IT%20Modernization.pdf

[Deakins, 2010] Deakins, E. S. (2010). Local E-Government Impact in China, New Zealand, Oman, and the United Kingdom. International Journal, 23(6), 520-534.

[Drucker, 1999] Drucker, Peter, "Beyond the information revolution", The Atlantic Monthly; Vol. 284, No 4, 1999.

[e.oman, 2018] e.oman, "Digital Oman Strategy", cosultado mayo 2018 en https://www.ita.gov.om/ITAPortal/ITA/strategy.aspx?NID=646&PID=2285&LID =113

[European commission, 2001] European Commission "eGovernment indicators for benchmarking eEurope", consultado en febrero 2001 en http://ec.europa.eu/information_society/eeurope/2002/action _plan/pdf/egovindicators.pdf

[Gov.uk, 2017] gov.uk, "UK Digital Strategy 2017" consultado en mayo 2018 en https://www.gov.uk/government/publications/uk-digital-strategy/uk-digital-strategy , publicado en marzo 1, 2017

[Government of Canada 2018] Government of Canada, "The procurement process" consultado en mayo 2018 en https://buyandsell.gc.ca/for-businesses/selling-to-the-government-of-canada/the-procurement-process

[Govinsider, 2016] Govinsider, "China sets out four step plan for digital government", consultado en mayo 2018, https://govinsider.asia/digital-gov/china-sets-out-four-step-plan-for-digital-government/ publicado en noviembre 28, 2016

[Hammer, 1990] Hammer, Michael "Reengineering Work: Do not Automate, Obliterate" Harvard Business Review, Vol. 68, No. 4, 1990.

[i-Ways, 2010] "E-Government Indicators – Getting to the Next Level" I-Ways; 2009, Vol. 32 Issue 2, p83-84

[Jobs, 2005] Jobs, Steve, "Commencement address, Stanford University, June 12, 2005" consultado en diciembre 2019 en https://news.stanford.edu/2005/06/14/jobs-061505/

[Kuhn, 1962] Kuhn, Thomas S., "The structure of Scientific Revolutions", second edition, The University of Chicago Press, 1962.

[Leavitt & Whisler, 1958] Leavitt, H. y T. Whisler, "Management in the 1980's", Harvard Business Review, Vol. 36 No. 6, 1958.

[Obama-Biden, 2007] Obama-Biden. (2007). The Obama-Biden Plan. Consultado en mayo 2012 en change.gov: http://change.gov/agenda/technology_agenda/

[Omanuna, 2018] Omanuna, "Oman eGovernment Transformation Plan" consultado en mayo 2018 en http://www.oman.om/wps/portal/index/etransformationplan/

[Orbán, 2019] Orbán, H.E. Viktor "Discurso Inaugural ITU World", septiembre 9, 2019, consultado en diciembre 2019 en https://telecomworld.itu.int/2019-daily-highlights-day-1/itu-telecom-world-2019-raises-curtain-on-4-days-of-debate-tech-exhibition-and-networking/

[Pawlenty-Molnau, 2004] Pawlenty-Molnau, "The Pawlenty-Molnau Plan: Minnesota's Drive to Excellence" consultado en mayo 2012, en http://archive.leg.state.mn.us/docs/2004/other/040330.pdf

[Poder Ejecutivo Federal. 1996] Poder Ejecutivo Federal "Plan Nacional de Desarrollo 1995-2000 Programa de Desarrollo Informático", México, INEGI, 1996.

[Presidencia de la República, 2006] Presidencia de la República. (2006). Sexto Informe de Gobierno del C. Presidente Constitucional de los Estados Unidos Mexicanos, Vicente Fox Quesada, Unidad de Contabilidad Gubernamental e Informes Sobre la Gestión Pública, Secretaría de Hacienda y Crédito Público.

[Presidencia de la República, 2013] Presidencia de la república, "Programa para un Gobierno Cercano" "Plan Nacional de Desarrollo 2013-2018" Presidencia de la República, 2013

[Presidencia de la República, 2016] Presidencia de la República "Reglamento Interior de la Secretaría de Economía" (Publicado en el Diario Oficial de la Federación el 9 de septiembre de 2016).

[Presidencia de la República, 2019] Presidencia de la república, "Plan Nacional de Desarrollo 2019-2024" Presidencia de la República, 2019.

[President of the United States, 2018] President of the United States, "National Cyber Strategy of the United States of America", September 2018.

[Shakespeare, 1599] Shakespeare, W. "Enrique IV" 1599

[Sirivastava y Thompson, 2008] Srivastava, Shirish C.; H. Teo, Thompson S., "The Relationship between E-Government and National Competitiveness: The Moderating Influence of Environmental Factors" Communications of AIS, 2008, Vol. 2008 Issue 23, p73-94.

[Sirivastava y Thompson, 2010] Srivastava, Shirish C.; Teo, Thompson S.H., "E-Government, E-Business, and National Economic Performance" Communications of AIS, 2009, Vol. 2009 Issue 26, p267-286.

[Sun Tzu, siglo V ac] Sun Tzu. "El arte de la guerra" originalmente publicado siglo V antes de Cristo. Consultado en diciembre 2019 en https://freeditorial.com/en/books/el-arte-de-la-guerra

Datos del Autor

Dr. Macedonio Alanís

alanis@tec.mx   maalanis@hotmail.com

El Dr. Macedonio Alanís es profesor titular de Sistemas de Información en el Departamento de Computación del Tecnológico de Monterrey. Imparte clases en formato presencial y a distancia en temas de Administración de Tecnologías, Transformación Digital, Comercio Electrónico y Gobierno Electrónico. Algunas de sus clases son transmitidas en vivo a 1000 alumnos en 9 países. Ha trabajado como profesor e investigador en universidades en México, Estados Unidos, Centro y Sudamérica; También ha participado como profesor en programas conjuntos del Tecnológico de Monterrey con Carnegie Mellon University y con Stanford University.

En el sector público, el Dr. Alanís ha sido director de informática del Gobierno del Estado de Nuevo León, México. Fue presidente del Comité de Informática para la Administración Pública Estatal y Municipal. Trabajó en la definición de las Políticas Informáticas Mexicanas. Ha apoyado a la oficina de la Presidencia de Honduras en programas de informática educativa y a la Cámara Panameña de Tecnologías de Información y Comunicaciones en la reorientación de los programas académicos universitarios de tecnología en el país.

En la iniciativa privada, ha sido Gerente de Administración de Neoris, del grupo Cemex. Trabajó en la creación y administración de Global Software Factory, empresa que desarrolló sistemas de información en Europa, Sudamérica, Estados Unidos y México. Trabajó también para IBM y el Grupo Gentor.

Cuenta con más de 120 publicaciones, capítulos de libros y conferencias internacionales. Fue distinguido con el prestigioso Eisenhower Fellowship, recibió el Premio a la Labor Docente e Investigación del Tecnológico de Monterrey y fue elegido para ocupar la America's Chair en el Consejo Directivo Mundial de la Association for Information Systems.

El Dr. Alanís es Doctor en Administración por la Universidad de Minnesota. Obtuvo una maestría en Ciencias Computacionales de Brown University, y es Ingeniero en Sistemas Computacionales del Tecnológico de Monterrey.

www.ingramcontent.com/pod-product-compliance
Lightning Source LLC
LaVergne TN
LVHW051747050326
832903LV00029B/2779